사소한 일에도
돈 버는
지혜가 있다!

화교상법으로 배우는 돈버는 법

사소한 일에도 돈버는 지혜가 있다!

시라가미 요시오 지음 I **조범래** 옮김

민들레의 종자와 같이 어디든지 날아가서 언제나 끈기 있게 어떠한 경우에도
'대흘대갈(大吃大喝-많이 먹고 많이 마심)'하고 있는 동안에 크게 성공한다.

머리말

세계 도처에서 화교(華僑)는 눈부신 활약을 하고 있다.

어느 나라를 막론하고 화교가 살고 있는 거리에는 인간의 생활이 농축된 것과 같은 열기와 늠름함이 넘쳐흐르고 있다.

민들레의 종자와 같이 어디든지 날아가서 언제나 끈기 있게 어떠한 경우에도 '대흘대갈(大吃大喝 : 많이 먹고 많이 마심)' 하고 있는 동안에 크게 성공한다. 화교의 그 생활력, 집단력, 자치력은 무슨 수수께끼 같기도 하다.

본국의 원조도 없이 거주국의 보호도 없이 성공할 수 있다는 것은 혈연과 지연의 연고뿐이다. 그렇게 불리한 입장에 있으면서도 그것을 참으며 끈기 있게 살아가는 여러 가지의 지혜와 연구를 낳게 했던 화교 집단의 그 천재적인 장사 기술과 생활력의 비밀은 무엇일까?

그것을 풀어나가는 것은 화교가 전통적으로 지켜온 '화교상법'인 것이다.

예를 들면 동남 아시아 전역의 상업 기구(商業機構)를 굳건히 장악하여 '화교들이 없어지면 내일부터 생활 필수품을 구할 수가 없게 된다.'고 거주국 사람들이 말할 정도로 실력을 가지고 있다.

일본 기업이 동남 아시아에서 약진할 수 있는 비결은 파트너로 소매의 명수를 잡고 있기 때문이라고 한다.

그 소매의 명수가 다름 아닌 바로 화교인 것이다.

결국 일본 메이커들의 섬세하고 뛰어난 기술력과 판매력, 정치력을 소유한 화교 파워와의 연결이 성공으로 이끈 것이다.

태어나면서부터 상인(商人)이라고 불리는 화교는 '뜨겁고 집요한 데가 있는 반면 포기도 잘한다. 그것이 화교들의 유들유들한 생활 방식을 지탱하고 있는 몰법자(沒法子 ; 할 수 없군)라는 체관(諦觀)이다.

정력적인 반면 어딘가 태연하며 매달리는 데가 없으며 애교가 있고 언동이 유머러스한 데가 있다.

인간들이 해야 할 것들을 거의 경험한 것 같은 그들은 무슨 일이든지 외곬으로 하지는 않는다.

거주국 사람들과 원만하게 생활하기 위해 몸에 익힌 평형감각과 교제술을 구사하여 어떠한 곤경도 극복해 버린다.

사람들과의 교제도 매우 신중히 한다.

아무리 재산이 많다고 하더라도 부자 냄새는 풍기지 않는다.

그리고 아무리 가슴 속에 비책(秘策)이 있다고 하더라도 동족과 동행인과의 유대가 깊으며, 또한 체면이라는 것을 무엇보다도 중히 여기는 것이 화교 사회이다.

미국이 계약 사회로서 강한 개성을 중히 여기고, 일본이 인화를 존중한다면 화교의 세계는 신의(信義)를 매우 소중히 하면서 동료들과의 상부상조 위에서 성립되었다고 할 수 있을 것이다.

본국에서 쫓겨나듯이 무일푼으로 출발하여 차차 성장하여, 드디어는 일대 재산을 축적한 그들의 '화교상법(華僑商法)'은 바로 지혜의 보고(寶庫)이다. 그것은 우리들이 살아가는 데에 힌트를 제공해 줄 것이다.

시라가미 요시오

차
례

제2장 자기의 '돈이 되는 나무'를 키운다 — 번다

제3장 '돈'과 '운'을 불러들이는 삶의 비결 — 사용한다

제4장 이제 1등급 위의 생활을 할 수 있다 — 빌려주고·빌리다

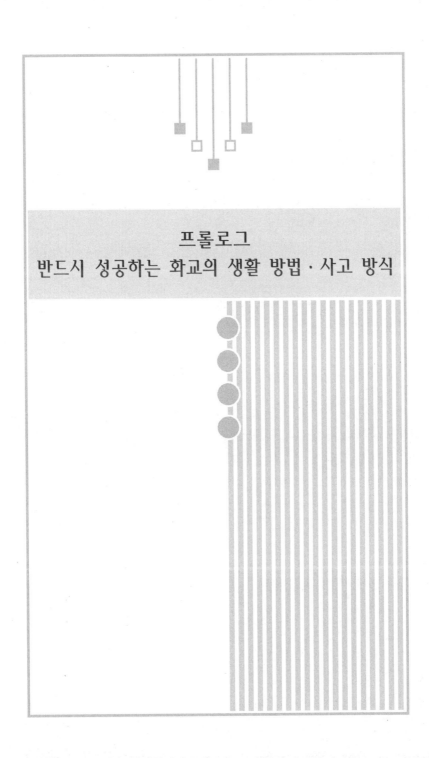

프롤로그
반드시 성공하는 화교의 생활 방법 · 사고 방식

반드시 성공하는 화교의 생활 방법·사고방식

▦ 백수기가(白手起家 : 무일푼으로 집을 일으킴)로 나가자

화물선의 갑판에서 기거하면서 일본에 도착한 청년은 허름한 옷차림에 유일한 재산이라고는 요꼬하마 중국인 거리에 있는 요리점의 지도를 그려 놓은 종이 쪽지와 소개장 한 장뿐이었다.

그리하여 동향인 친척이 경영하고 있는 중화 요리점의 조수로서 서투른 일본말을 구사하면서 부지런히 일해 온지 1년.

손님이 4, 5명만 들면 만원이 될 것 같은 뒷골목에 주거 겸 중화 요리점을 냈다. 물론 셋집이었다. 그리고 1년 후에 옆집을 사들였고 전에 점포는 개축하여 다른 사람에게 맡겼다. 또한, 3년 만에 근처의 조그마한 빌딩이 그의 소유라는 것을 알게 된다.

이 이야기는 일본에 건너온 지 15년에 불과한데 현재 동경에 빌딩을 비롯하여 수백 억 엔 (추정)의 자산을 가지고 있는 화교 T씨의 반평생 약력이다.

그것은 결코 특별하게 혜택 받은 예도 특수한 예도 아니다. 화교로서는 흔하고 흔한 인생 코스의 하나인 것이다.

백수기가(白手起家) - 적수공권(赤手空拳 : 아무것도 가진 것이 없음)으로 집을 일으킨다. 민들레 종자처럼 어디에선가 날아오는 화교(華僑).

과연 화교들이 갖는 생활력과 천재적 상재(商才)는 대체 어디에서 나오는 것일까?

■ '가주택(假住宅)'이기 때문에 끈질긴 근성

현재 세계에 흩어져 있는 화교는 2천5백만 명에 달하고 있다. 그들은 태국, 말레이시아, 인도네시아, 싱가포르, 버마, 필리핀 등의 동남 아시아에 가장 많다.

일본에는 약 8만 명의 화교가 있다. 도요 대학 교수인 오주혜(吳主惠) 박사에 의하면, 화교의 '화(華)'는 중화의 화, '교(僑)'는 교거 또는 교거민(僑居民)의 교로서 여주(旅住) 또는 가주(假住)라는 뜻이라고 한다.

'가주'라는 데에 그들의 쓸쓸함과 잿불과 같은 향수가 있는 것이다. 가령 2세, 3세로서 고국을 본 적이 없는 자라도 마음으로 아련한 고국을 애타게 그리고 있을 것이다.

중국인에게는 뼈를 고국에 묻고 묘혈 아래서 자손을 지키며, 이윽고 흙으로 화할 것을 소망으로 하고 있는 사상이 있기 때문이다.

그런데 낯선 곳의 '가주'이기 때문에 그들에게 의지할 수 있는 것이라고는 스스로의 힘뿐이다. 그러므로 몸이 가루가 되어도 일을 해야만 된다는 정신으로 하루 하루를 부지런하게 살아가고 있는 것이다.

망향의 집념을 가슴 깊이 간직하면서, 다만 묵묵히……

▣ 천천히 듣는 '한방약 상법'의 박력

태고 때부터의 체험을 쌓아가며 연구된 한방약(韓方藥). 서양인에게는 물론이거니와 같은 동양 사람인 일본인에게까지 신비적으로 떠오르는 한방약. 줄곧 다져 가는 화교의 상법도 그 한방약과 비슷하다.

서양 의학에서는 병명이 정해지지 않으면 투약할 수 없다. 그러나 한방약인 경우 병명은 2차적인 것이며 증상이 나타나는 대로 체험에 의해서 선정된 것을 투약한다.

화교의 상법도 이와 마찬가지이다. 일일이 무리해서 전문업을 정하지 않고 '만물상'으로 출발한다. 효력도 즉효를 바라지 않고 끈기 있고 강하게 천천히 각 방면에 걸쳐서 깊고 넓게 침투해 간다. 그러므로 부작용이 적고 또한 효력도 오래 간다.

▣ 쉬지 않고 게으르지 않고 아프지 않는 화교 파워의 비결

그들 화교들의 성공하는 비밀은 어디까지나 기본을 잊지 않는 데 있다.

쉬지 않는다, 게으름 피우지 않는다. 아침 일찍부터 밤늦게까지 일한다. 상도(商道)에 철저하며 잡음에는 일체 귀를 기울이지 않는다.

물건을 구입할 때는 값을 깎을 수 있는 데까지 깎으며, 판매할 때는 될 수 있는 대로 깎아 주지 않는다. 그리고 박리다매(薄利多賣)로서 고도의 회전을 도모한다, 화물출문개불퇴화(貨物出門慨不退貨)라 하여 한번 팔았던 물건의 인수는 '절대 거절'이다.

그렇다고 덮어놓고 무리하게 일을 하여 병이 나게 하는 일은 하지 않는다. 그들이 남달리 식사에 신경을 쓰는 것도 건강이야말로 제1의 자본이라는 것을 알고 있다는 증거이다.

그런 것은 새삼스럽게 말하지 않더라도 알고 있어요 - 하는 사람이 많을 것이다.

그런데 단지 말로만 알고 있는 것과 그것을 실행하는 화교와의 사이에 큰 차이가 생겨나는 것이다. 그것을 실행할 수 있는 사람만이 화교의 비밀에 돌진할 수 있는 것이다.

일본 사람 같으면 영업 내용이 약간만 좋아져도 점원을 고용한다. 그리고 주인은 골프를 치러 다닌다.

그들 화교들은 정작 처음에 가진 생각을 잊지 않고 목표에 도달할 때까지 부인은 아장아장 걷는 아이를 곁눈으로 보면서, 등에 아기를 업고 집안일과 점포 일을 모두 해낸다. 주인도 백 년을 하루같이 같은 바지를 입고 3~5시간씩 자고 열심히 일한다. 아이들은 어릴 때부터 어버이를 돕고 학교에서 돌아오면 숙제를 마치자마자 점포 일을 돕거나 아르바이트를 한다.

점포나 사업이 상당히 커져도 그 정신은 불변한다. 그것을 잊고 안일하게 놀거나 약간 편해졌다고 해서 낭비하는 자는 주위로부터 외면을 당하게 된다.

▓ 동료의 손해는 자기의 손해

그들은 혈연과 지연(고향이 같은)의 결속이 특히 견고하고 튼튼하며 서로 도와 주며 유무상통(有無相通)한다.

서로 믿는 친구는 형제보다도 사이가 두터우며 남의 말에 의해서 상대편의 신용도가 흔들리거나 하지 않는다.

큰일을 시작할 때에는 몇 사람이 합작(合作)도 한다. 재산이 있는 사람은 자본금을 수완이 있는 사람은 기술을 판매에 뛰어난 사람은 노동력을 출자하여 시작한다.

결속이 강하여 한번 시작하면 서로 조심하며 분쟁은 피한다.

무슨 일로 인해서 싸우고 헤어지는 일이 있어도 '군자(君子)는 교제를 끊더라도 나쁜 말은 하지 않는다.' 라는 <사기(史記)>에 실려 있는 말을 지킨다. 입은 말할 수 없이 무거운 것이다.

그리고 자기들이 커지면 뒤를 이어갈 사람을 육성한다. 고향에서 친척이나 동향인들을 초청하거나 동업자인 후배들에게 눈독을 들여 기회를 봐서 동료들과 상담하여 무이자, 무담보, 무보증으로 자본금을 대 주어 조그마한 점포를 독립시킨다. 그 후배가 혼자 설 때까지는,

'돈은 대 주어도 간섭은 하지 않는다.'는 원칙을 굳게 지키며 번 것에 대한 이윤도 받지 않는다.

'돈에 악착같다'고 보고 있는 화교로서는 기이하다고 생각할는지 모르지만 그것은 단순히 사람이 좋아서 그렇게 하는 것은 아니다. 그것이 자기 나아가서는 같은 민족의 발전을 위한 포석으로서 불가결한 투자라고 생각하기 때문이다.

저축 이야기는 그 후배가 출세한 후의 일인 것이다.

■ '신뢰'가 증서나 도장을 대신한다

증서가 없이도 1억 원이란 돈도 빌릴 수 있다. — 이것이 화교 상법(華僑商法)인 것이다.

"증서나 도장, 보증인, 모든 게 있어도 지불하지 않을 사람은 지불하지 않아요."

멀쩡한 얼굴을 하며 말한다. 이렇게 넉살좋고 대담하다.

그러기 때문에 친구가 된다는 것은 대단한 일이다.

화교가 한 인간을 마음으로부터 신용하는 데에는 10년 정도 걸린다고 한다. 그리고 한번 그 인간을 믿은 이상은 가령 전쟁이 일어나서 그 사람이 적국인(敵國人)의 입장이 되건 패전 국민이 되어 망하더라도 그 신뢰와 우정에 생명을 건다.

만에 하나라도 그 신뢰를 배반당하면,

'몰법자(沒法子 : 하는 수가 없군)' 하고 어깨를 움츠린다. 배반당한 것도 자기 자신의 수치라고 생각한다. 배반당한 것을 이야기하게 되면 수치심만 늘어날 뿐 주위로부터는 소심한 사람이라고 낙인이 찍히는 것이다.

그렇다고 배반자는 득을 보는가 하면 그렇지도 않다.

화교들의 횡적 결속은 대단하다, 설령 말하지 않더라도 그런 배반 행위는 널리 알려진다. 한번 배반한 자는 장사는 고사하고 생활마저도 위태롭게 된다.

그만큼 그들 화교들에게는 '신뢰'가 중요한 것이다.

■ 정평 있는 상법을 탄생시킨 대인(大人)의 성격

원래부터 인간의 성격이란 것은 천차만별인 것이다. 더구나 중국은 광범위한 지역을 포용하고 있다. 출신 성(省)에 따라 언어, 습관, 풍속, 식사가 전혀 다른 경우도 있다. 인격 형성기를 보낸 환경에 따라 성격이 틀릴 수도 있다.

또한 일본에 있는 나이가 지긋한 선배가 말하기를,

"요즘 젊은이들은 되어먹지를 않았어. 나쁜 점까지 일본 사람을 닮아가고 있어. 일본 사람과 같아졌어."

하며 눈살을 찌푸린다.

중화사상(中華思想)을 잊지 않은 나이 많은 사람들은 - 자기 아이들이나 후배들이 일본 청년과 마찬가지로 경박재자적(輕薄才子的)이 되어 출랑대며 돌아다니면서 우리들의 마지막 카드인 '신(信)'과 '협(俠, 의협심)'을 그리고 느긋함마저 잊어버리고 눈앞의 일에만 관심을 갖는 것을 보고 있노라면 동포들의 앞날이 걱정된다. - 라고 말하고 있다.

화교의 전형적이고 일반적인 성격을 지적해 보면,

첫째, 체면을 목숨보다 중히 여긴다, 자기 자신의 체면은 물론 상대편에 대해서도 마찬가지이다.

둘째, 무엇보다도 근면하다. 성공한 후에도 그런 태도는 변하지 않는다. 검소하며 낭비를 하지 않는다.

시간에 대한 관념은 그다지 강하지 않다. 그것은 사람을 믿는데 10년이 걸리며 돈벌이도 10년을 단위로 생각하는 것에서도 알 수 있다.

완곡한 대화를 매우 좋아한다. 그것은 인텔리라는 의미도 숨겨져 있지만 비유, 격언, 명구(名句), 처세훈 따위를 구사하여 슬쩍 몸을 피하는 방법도 알고 있다. 예를 들면,

"그런 것은 대우탄금(對牛彈琴 : 소에게 거문고를 타서 들려주는 것과 같은 것으로 아무런 득이 되지 않음)이니까. 그만 두세요."

"그녀를 고용한다는 건 목마른 말에게 물을 지키게 하거나 굶주린 개에게 고기를 지키라는 것과 같은 것이니까 그만두는 편이 좋을 거예요."

하는 식이다.

■ '막다른 골목으로 몰린 자'의 저력과 지혜

요코하마에 있는 유일한 화교 전문의 신용 조합 '요코하마 화은(華銀)'의 이사장인 임청문(林淸文), 전문이사 오정남(吳正男) 같은 사람은 스스로 화교의 입장을 다음과 같이 설명한다.

"우리들 화교는 처음부터 무수승류(無手勝流 : 싸우지 않고 이김을 최상으로 하는 수법)로써 살아가는 수밖에 도리가 없어서 모양새가 안 좋은 장사라도 하지 않으면 안 되었다."

"허비하는 화교는 한 사람도 없다. 우리들이 하고 있는 것은 근검 절약이다. 낭비하는 사람은 신용이 없어진다. 그렇지만 우리들은 써야 할 때에는 쓴다."

"한 집안을 보더라도 우선 경제적 건설이 최대 목표이다."

"온가족이 몽땅 노동력을 가지고 있는 것이 화교의 강점이며 우리들이 식사, 특히 저녁에 만찬을 드는 것도 장기 노동에 견디기 위한 하나의 생활의 지혜이다."

"입이 무거운 것도 마누라의 사전(私錢:주부 등이 살림을 절약하여 남편 모르게 은밀히 모은 돈)을 공인하는 것도 그녀에게 근로 이익을 불러일으키며 또한 마누라와 아이들과의 관계를 깊게 하며 만약의 경우를 감안하여 돈을 갖고 있게 하는 편이 안심이 되므로 그것도 생활의 지혜이다."

확실히 화교 상법 비밀의 하나는 '막다른 골목에 쫓긴 자'의 저력이라는 것도 있다.

그러나 더 이상 잃을 것은 아무것도 없다 하여 맹목적으로 돌진해 가는, 세계의 화교의 재력을 모은다 하더라도 하나의 나라가 될 정도의 존재는 될 수가 없다. 거기에는 역시 원대하고 치밀한 계획이 짜여져 있는 것이다.

■ 마지막 비방은 '하는 수 없군'이란 철학

과연 화교 상법 그 독특한 발상의 일부분이라도 이해를 하였는지요? 이렇게 물어 보는 나에게도 화교는 여전히 불가사의하다고 생각하지 않을 수 없는 존재인 것이다.

한 가지 덧붙이고 싶은 것은 장사에 철저하며 강인한 생활력 뒤에 감춰진 '몰법자(沒法子 : 하는 수 없군)'라는 독특한 체념인 것이다. 모든 노력이 소용없다고 깨달았을 때에 그것으로 깨끗이 체념하고 두고두고 생각지 않는 허무정신(虛無精神)이 화교에게는 있다.

일본 사람들의 체념은 본인도 아이들도 버리는 '옥쇄(玉碎)'라는 형태를 취하게 되나, 그들의 체념은 다음의 재기를 내다보는 '빠른 변신'으로 연결된다. 화교 상법을 보다 깊게 이해하는 것, 그것이 몰법자(沒法子)의 철학인 것이다.

다음의 100개조를 당신의 사업, 인생 항로에 혹은 이제부터 시작하려고 하는 당신의 장사 전기(轉機)에 어떻게 이용하며 살려 가느냐 하는 것은 당신의 하기 나름인 것이다.

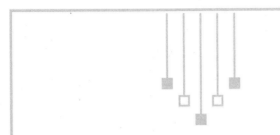

제 1 장
확실한 돈을 모으는 발상 · 생활술 – 모은다

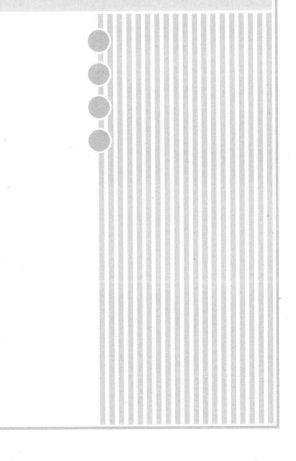

귀에 구멍을 뚫어 금귀고리를 달아라

화교 아이들은 남녀를 막론하고 생후 1, 2년 사이에 귓볼에 구멍을 뚫는 경우가 많다.

올리브유를 사용하여 오래도록 마찰시켜 바늘로써 간단하게 뚫는 것인데 의사에게 가면 몇천 원을 빼앗기게 된다. 물론 그들이 이와 같이 허비할 리는 없다. 그것만을 전문으로 하는 할머니가 있어 7백 원이면 수술은 해 주는데 의료법 위반에 걸리므로, 소재자가 있는 경우에만 수술을 해준다(남자의 경우는 줄어들었으며 남자는 왼쪽 귀만 뚫는다. 그것은 역학자의 말을 따른 것이다).

그런데 그 구멍을 뚫어서 1개월 동안은 22금, 24금이나 순금 이외의 귀고리를 하면 건강에 좋지 않다, 독(毒)이 돌아 몸 전체가 쑤시고 가려워지기 때문이다.

그와 같이 순금을 귓볼에 걸어두면 무슨 일이 생기더라도 그 금을 팔아 장사 밑천을 할 수 있다는, 오랜 전쟁으로 인한 기근과 천재, 인재(人災)가 가르쳐 준 생활의 지혜인 것이다.

그밖에 팔찌, 목걸이에서 발목까지 자기의 생활 수준에 걸맞지 않게 훌륭한 금을 걸고 있는 것도 그러한 발상에서 온 것이다.

요코하마에는 외국인 바가 많이 있었다. 거기의 호스티스들도 주위의 영향을 받았음인지 귀에 구멍을 뚫은 사람이 많았다. 뚫은 직후에는 실을 꼬아서 약 2주일 동안 넣어 둔다. 그때, 그곳을 찾는 외국 손님에게,

"이 실을 뽑고 처음으로 다는 귀고리는 순금이 아니면 안 돼요. 그리고 그것을 선물해 주는 남성은 한평생 잊을 수가 없어요." 하면서 졸라댄다. 이윽고 남자가 준 순금을 달고는 의기양양하게 있는데 몸이 쑤시고 가려워지며 기분이 나빠지면 '헨리 그놈 가짜를 선물했구나'하고 욕을 한다. 이렇듯 몸의 상태로 선물의 진짜, 가짜 여부를 확인할 수도 있는 것이다.

중국인이 가끔 큰 보석이나 귀금속 반지를 하고 있는 것도 '아차 할 때'를 겨냥해서이며, 결코 멋을 부리기 위해서나 색다른 것을 좋아해서가 아니다.

베개 속에 보석과 귀금속을 감춰두는 사람도 있다. 불이 났을 때에는 그것만 안고 뛰어나갈 수 있도록 미리 준비해 두는 것이다. 또한 제아무리 프로인 도둑이라도 베개 속까지는 신경을 쓰지 않을 것이다.

그처럼 크게 생각할 것까지는 없지만 세상 변동에 무관계인 '재보(財寶)'에 의해서 항상 지켜지고 있다는 안도감을 샀다고 생각하면 금반지도 결코 비싸다고 느껴지지는 않을 것이다. 베트남을 탈출할 때, 그 편리를 도모해 주는데 금 이외에는 아무것도 받아 주지 않았다는 것을 들어봐도 금의 가치는 짐작하고도 남을 것이다.

2

건널목을 건널 때도 1원짜리 동전을 주워라

태국의 화교에는 쌀장사가 많다. 장사를 선택할 때, 화교는 우선 일용 필수품에 눈을 돌린다. 그러므로 쌀의 왕이라고 불리는 대부분이 화교인 것이다. 방콕에서 3대 쌀장사의 하나로 손꼽히는 쌀집 주인이 어느 날 젊은 점원에게 호되게 꾸지람을 하였다.

"아래를 봐, 소중한 것이 떨어져 있어."

라고 하여 점원은 당황하여 아래를 보았으나 아무것도 없었다.

"안 보이는데요."

하고 대답하자 다시 질책했다.

그런 식으로 몇 번 되풀이한 다음에 겨우 가르쳐 주었다, 땅바닥의 쌀가마니 밑에 쌀 한 톨이 떨어져 있었던 것이다. 그래서 그 한 톨을 주워서 쌀가마니 속에 넣도록 한 것이다.

그런데 그 주인은 유달리 인색한 편도 아니었다. 고용인에 대해서는 잘 이해를 해 주는 편이며 아첨을 떠는 자보다는 주인이 있건 없건 열심히 일하는 자를 추켜세우는 안목과 공평함을 가지고 있었다.

또 놀 때는 분위기를 만들어 주며 돈을 쓸 때는 쓸 줄 아는 사람이었다.

그러나 장사에 있어서는 예외를 인정하지 않는 철학을 가지고 있었다, 그러므로 아무리 위대한 사람, 지위가 높은 사람, 유명 인사가 찾아와도,

"쌀에 대한 이야기 외에는 아무런 흥미도 없어요. 장사에 있어서 시간은 바로 돈이므로 한가한 사람을 상대하는 것은 시간을 즉 돈을 잃어버리는 것이니까요."

라고 말하며 세계적인 신문 기자, 혹은 아무리 권력 있는 사람의 소개가 있다손 치더라도 즉석에서 거절한다.

그런데 당신들은 만약 1원짜리가 땅바닥에 떨어져 있다면 어떻게 하겠는가? 더구나 사람들이 많이 있는 번화한 거리에서는 어떨지…….

"난, 100원 짜리 같으면 줍겠어."

그렇게 말하는 젊은이도 있으나 그렇기 때문에 돈하고 인연이 먼 것이다. 1원이 있으면 다음에는 99원만 더 있으면 100원이 된다는 생각은 중국인에게는 말할 필요도 없는 상식이다.

"눈을 땅바닥에 떨어뜨리고 다니는 자에게는 돈에 관한 한 믿어서는 안 된다."

라는 격언도 있듯이 무언가 떨어져 있지 않나 하고 눈을 부릅뜨는 사람은 욕심이 강한 사람이므로 그러한 사람에게는 돈에 관한 한 믿어서는 안 된다는 뜻이다.

여기서는 어떤 우연한 기회에 돈이 떨어져 있는 것을 발견했을 때의 마음가짐을 말하고 있는 것이다. 그러므로 푸른 신호로 건널목을 건너고 있는 중이라도 떨어져 있는 돈의 많고 적음을 막론하고 중히 여기지 않으면 안 된다는 것이 화교의 지론이다.

3

비가 오거든 우산을 2개 가지고 가라

일본 사람들은 불꽃놀이를 좋아한다. 그러나 교통 사정 등도 있어 전국 여기저기의 전통 있는 불꽃놀이 대회가 중단되었던 때가 있었다.

그런데도 동경과 가와사키는 강 하나를 사이에 두고 경계를 짓고 있는 다마 강가에서 매년 여름철이 되면 성대한 불꽃놀이 대회가 계속되었다. 거의 불꽃놀이가 줄어들고 있던 터라 그날 따라 수만 명의 인파가 붐볐다. 동경 요코하마간 철도의 신마루코 역전에서는 평소 거의 팔리지 않던 초밥집이 그날따라 점포 앞에 초밥과 김밥 도시락을 내놓았더니 날개돋친 듯 팔려 아무리 밥을 지어도 따르지 못했다고 한다.

불꽃놀이터는 깜깜한 강둑이었는데 사람들이 밀려들어 누구나 목마르고 피로하였지만 둑에는 잔디가 제대로 나 있지 않아 앉아서 쉴 수도 없었다. 그런 구경꾼들을 상대로 깜짝 놀랄 장사를 한 사람이 있었다.

"1인당 10엔, 이것으로 앉을 수 있어요. 10엔으로 앉을 수 있어요."
하고 외치면서 다가오는 것을 보았더니 놀랍게도 헌 신문지를
방석 대신으로 팔려는 것이었다.

찢어진 헌 신문 1장이 10엔. 그러나 순식간에 팔렸다, 자세히
보았더니 여기저기서 헌 신문을 파는 남녀가 있었는데 그런 착
상은 그날 밤, 동경에서 놀러온 화교가 그곳에서 생각해내어 실
행한 아이디어였다고 한다.

그 장사는 그날 밤 다른 일본인들이 따라했으나, 역시 최초의
창안자가 스타트가 좋아서 가장 큰 성과를 올렸다고 한다.

좋은 착안, 평상시와 다른 일이 일어나면 곧바로 돈벌이와 연
결 지어 이용하려고 하는 민첩함은 화교만의 독특한 것이라 할
수 있다.

일본에도 오사카에서 꽃놀이 철에 아침에 화창하던 날씨가
오후부터 갑자기 바뀌는 경우, 심부름꾼에게 팔다 남은 조잡한
우산을 가득 실은 리어카를 끌고 꽃놀이 손님을 상대로 순식간
에 그것을 팔아버린 사나이가 있었다. 그 사나이는 현재 동경과
오사카에 몇 개의 양품점을 하고 있다.

꽃놀이건, 빗속의 꽃놀이건 자기가 곤란하게 되었을 때 곤란
하다고 끝내 버리는 것은 보통 사람들이다. 이건 장사가 될 수
있다고 생각했더라도 '사람들의 약점에 뛰어드는 것은 싫다'라
든지 남 보기에 나쁘다고 포기해 버리는 것도 역시 보통사람인
것이다.

사람들 생각과 남 보기에 비록 나쁘더라도 우선 시도해 보는
것이 장사하는 사람인 것이다. 정도의 차이는 있겠지만, 장사한
사람들의 소망(결국 수요가 있다는 것)에 부딪쳐 이익을 얻는

다는 일면을 가지고 있다.

예를 든다면 외출을 하려는데 갑자기 비가 왔을 때에 1개의 우산을 남에게 빌려주어 돈을 벌 수 있을는지도 모르겠다고 2개의 우산을 가지고 나가는 타산적인 정신이 장사를 하기 위해서는 필요한 것이다.

4

사람과의 교제는 '10년 단위'로 생각하라

화교도 사람인지라 선물을 받는 것을 기뻐한다. 그러나 일본 사람처럼 때를 놓치지 않고 답례하는 일은 없다. 오히려 그렇게 하면 '싱거운 사람이다.' '묘한 사람이다.'라고 오해받게 된다.

일본 사람은 답례하는 것을 당연한 의무로 생각하고 있다.

그 점에 있어서 화교는 병 문안, 조문, 결혼, 회갑, 돌잔치의 축하, 개업 축하 등 모든 축의, 부의(賻儀)에 대한 답례는 하지 않는다.

그것에 대해 일일이 답례를 받는다면 무엇 때문에 축의를 했는지 알 수 없기 때문이다. 결혼식이나 무슨 피로연 때에도 선물(기념품)은 필요 없다.

우리들의 경우는 '남에게 빚을 지는 것은 싫다.' 잠깐 동안이라도 정신적, 경제적으로 빚지는 것을 제거해 버리고 싶기 때문일 것이다.

그 대신 화교들은 상대방에게 무슨 일이 있을 때에는 '솔선해서 응분의 것을 시켜 달라고 한다.' 그런 것이 보편적인 사고 방식인 것이다.

짧다고 하더라도 10년 단위로 세상을 보는 그들은 그러한 단기적인 대응에는 익숙하지 않다.

'있는 쪽에서 지불하는 것이 당연하다. 그 대신 그 만큼의 경의(敬意)는 나타낸다.'

그래서 젊은 친구들끼리 한잔하러 갈 때에도 돈 있는 집 아들이 계산한다. 그리고 다른 친구들은 아무런 부담을 갖지 않고 먹는다.

그런데 때로는 체면에 신경을 쓰는 일도 있는데 그런 때에는 마작 같은 것을 해서 돈을 가진 쪽에서 일부러 져 주면서 경제상의 놀이를 지속해 가는 형태로 한다.

결혼식의 청첩장을 화교 사회에서 보낼 때에는 참석, 불참석의 회답을 요구하지 않는다(일본에서는 요구한다). 동료들이 보낼 때에는,

'받으면 참석한다.'는 것이 보통이기 때문이다.

결혼식, 피로연을 몇 차례로 나누어 하는 수도 있으므로 날에 따라서는 가족끼리 때로는 아이들도 데리고 참석하는 수도 있다.

단지 부부 동반, 아이 동반이 허락될 때에는 그 취지를 써 놓은 경우가 많다. 장례식에는 상당히 가까운 친척과 친교가 있는 사람 외에는 유족 측에서 직접 전화나 문서로 알리는 일은 없다.

장례식에 있어서는 일본처럼 철야를 하는데 주류는 많이 내지 않고, 여기저기서 마작을 하면서 고인을 추모하곤 한다.

5

성공하려면 반드시 '장치'가 있다

화교인법(華僑忍法)의 하나의 비법. '백수기가(白手起家)'가
있다.

입은 옷뿐이며 그대로 일본에 건너와 동향인 중 성공한 사람
집에 헛간을 개조하여 기거하다가 뒷골목에 공간을 빌어 조그
만 잡화상을 냈다. 요즘엔 어느 곳에서 찾아볼 수도 없는 팔다
남은 재고품을 쌓아 놓고, 화물선의 마도로스를 상대로 매우 바
쁘게 움직이더니 승승장구 큰길가에 토산품점을 여는가 했더니
근처의 상당한 토지가 그의 소유라는 소문이 돌았다.

설마 하고 고개를 갸우뚱하고 있는 동안에 그곳에 빌딩이 들
어서더니 그 빌딩의 사장이 그였으며 1층에는 음악다방, 2층에
는 당구장, 3층 … 일일이 말할 수가 없다. 이런 일들이 화교들
의 세계에서는 신기한 이야기가 아닌 것이다. 전형적인 그 경우
의 배후는 어떻게 되어 있었을까?

중국인들은 3대까지를 친척이라고 간주하고 있다. '謝'라든
지 '邱'라든지 같은 성으로 더구나 동향 출신이라면 남이라고

보지 않는다. 그래서 그런 사람에게 의지하면서 몸을 기대게 되는 것이다.

몸이 콩가루가 되다시피 일하면서 조그만 계를 한다. 계의 방식에는 여러 가지가 있는데 그 중에서 금액이 적은 것에 들기만 해도 부금은 직장의 주인이 대납해 주고, 이윽고 순번이 되어 곗돈을 타게 되면 약간 모아진 현금을 손에 쥘 수가 있다.

그 다음에는 매일 밤 잠자리에서 구상하고 작전을 개시하게 된다.

친한 사람끼리의 금전의 대차(貸借)에는 증서나 보증인도 필요치 않은 화교 사회에서는 그 계 방식에도 담보나 도장이 필요 없다. 그 대신 후계자를 빨리 한몫 하는 사람으로 키워서 동료들의 전력으로 삼는 것이므로 '돈은 대 주어도 간섭하지 않는다. 벌어도 사례금은 걱정하지 않아도 된다.' 물론 그와 같은 원조는 신뢰할 수 있는 상대편에게만 한하는 이야기이다.

주인들의 마음은 느긋하다. 돌봐준 젊은이가 혼자 자립하여 큰 점포를 갖고 본래의 일을 찾아내어 자기와 같은 정도에 이르렀을 때에 비로소 이용하게 되는 것이다.

그래서 만들어진 새로운 주인은 자기에게 베풀어준 대로 남에게 베푼다. 그래서 일족(一族)은 점점 번영해 가는 것이다.
화교들처럼 의지할 수 있는 주인이 없더라도 상조 제도(相助制度)로서의 계 방식은 자금을 만드는 데 유력한 무기가 될 것이다.

일본 사람의 경우는 장사를 하기 위한 자금은 자기 혼자서 차근차근 모으거나, 친척에게서 빌려야 된다고 생각한다, 생각해 보면 그것은 그리 현명한 방법은 아니다. 계 방식 같으면 적은 부금으로 몇 년만 있으면 목돈을 쥘 수 있는 것이다.

자본이 없는 자에게 그와 같이 좋은 방법은 없을 것이다. 더구나 1회뿐만이 아니고 장사를 확장해야 할 시점에 다음 순번이 돌아오게 할 수 있는 유리함 때문이다.

당신에게 신뢰할 수 있는 친구가 있다면 이식 없는 계 방식을 검토해 보면 어떨까?

6

관광을 위해서라면 마이카도 금지하라

싱가포르는 중국인 통치의 독립국이며 관광국임을 국시(國是)로 하고 있다.

중심가의 오차드 거리 부근에도 중국계 시민이 눈에 띄게 많다.

약 185만 명이나 되는 중국계 싱가포르 사람은 복건성 40%, 주조성 22%, 광동성 19%, 해남성 7%, 기타 6%로 되어 있다.

그러한 싱가포르 정부가 호텔이나 레스토랑에서 '손님으로부터 팁을 일체 받지 않도록 해야겠다.'고 방침을 정했다.

싱가포르 호텔 협회, 레스토랑 협회에서도 동조하였다.

팁을 폐지하면서 노리는 것은,

① 손님들로부터 팁을 받는 것은 받는 쪽을 비굴하게 할 가능성이 있다.

② 서비스의 격차가 생길 염려가 있다.

③ 호텔, 레스토랑도 서비스 상업인 이상, 전 종업원의 서비스는 상품 가격 속에 포함되어 있다고 보는 것이 당연하다.

다만 급료가 적고, 팁 수입이 상당 부분을 차지하고 있는 경우에는 곧바로 전폐한다는 것은 생계를 위협하는 일이기 때문에 당국에서는 서비스 요금 제도로 전환하였다. 다음 단계에서 그 차지 제도도 없애자고 말하고 있다.

외국 손님들을 기쁘게 해 주려는 싱가포르의 의욕은 실로 대단하다. 레저의 섬인 상투스섬에서도 이런 서비스를 하고 있다.

호텔, 골프장의 섬에다가 이번에 미니 철도(연장 8.5 킬로미터)를 부설했다. 그리고 또 높이 48 미터나 뿜어 올릴 수 있는 음악 분수도 만들었다.

그 섬에는 런던 스타일의 2층 관광 버스와 녹색의 오픈 버스가 섬 안의 유람을 맡고 있다. 그리고 '환경 보전 대책을 위해 섬 안에서의 마이카는 일체 금지'한다는 철저함을 보이고 있다. 다른 나라 같으면 마이카 족들이 권리 침해라고 가만히 있지 않을 것이다.

그리고 관광객에게는 일체 정류장을 무시하고, 어디서나 버스를 향해 손만 들면 '언제 어디서나 세워 준다'는 식으로 신경을 쓰고 있다.

이 나라에서는 집안에 꽃을 심을 때에도 바깥에서 걸어가는 관광객의 시선을 끌 수 있는 위치에 꽃을 심을 수만 있다면 관리가 달려가서 모든 것은 무료로 마음에 드는 꽃을 서비스로 심어준다.

거리를 더럽히면 상당한 벌금을 물리는 것도 관광객에게 불유쾌한 기분을 주지 않기 위해서이다.

7

조정하는 데 능숙해라

홍콩, 싱가포르를 비롯한 동남 아시아에서 유명한 약이라면 호인(虎印-타이거)연고라고 할 수 있다. 최근에는 우리나라에도 수입되고 있다.

옛날부터 남양의 원주민이나 화교들 사이에서는 '만병통치약' '특히 상처에 좋다'고 전해져 왔다. 상처, 치통, 어깨 결린 데, 정력에도 좋다고 말한다.

그 약을 팔기 시작한 사람은 제약왕 호문호(胡文虎)이다. 그는 버마의 랭군에서 1883년에 태어난 화교 2세이며, 1908년 부친인 자흠(子欽)의 뒤를 답습하여 약제사가 되어 영안당 약국(永安堂 藥局)을 세웠다. 의학과 약학을 수업한 그는 한방약(漢方藥)의 처방으로 옛날부터 버마에서 전해오는 약제법을 조정하여 만금유(萬金油), 팔괘단(八卦丹) 등을 팔았다. 그 중에서도 만금유는 만병통치약으로 동남아시아는 물론, 중국 대륙에서도 엄청나게 팔렸다.

그래서 중국의 여러 곳과 베트남, 방콕, 홍콩 등지에도 분점을 차릴 정도였다.

'아무리 세계적인 불황일지라도 매약업만은 불황이 없다. 다른 업계는 폭락이 잇따르게 마련이다.'

그러한 것이 그들의 신념이다. 담력이 풍부하고 평형감각이 있는 그는 돈벌이에만 혈안이 되어 있는 덕은 아니었다. 일찍이 가까운 사람으로부터 '고무'에 손을 대 보라는 권유를 끈질기게 받았으나 '고무는 개인이 독점해 버려서는 안 된다.'고 말했다는 것이다.

또한 싱가포르의 성주일보(星州日報), 홍콩의 성도만보(星島晚報), 성도일보(星島日報) 등과 같은 신문사도 세웠으나, 그는 영업 이익의 4분의 1 이상을 자선, 공익 사업에 기부하는 것을 신조로 삼았으며, 사회 사업과 교육 사업, 화교 사회로의 이익 환원을 사는 보람으로 여겼다.

그 때문에 영국 정부나 화란 정부로부터도 훈장을 수여받곤 하였다.

타이거형·가든은 중국의 전설 등에 등장하는 인물의 인형과 석상(石像)을 설치해 둔 공원으로 1931년에 세워졌다.

호일족(胡一族)의 계열 회사에서 관리하며 공개되고 있었으나, 개설 후 50년 만에 '유지와 보존이 큰일'이라면서 정부에 헌납하였다.

비취관(翡翠館)도 헌납하였으나, 그때까지의 소장품 중에서 385점이 국립 박물관으로 옮겨졌다. 박물관에 옮겨진 고미술품(古美術品)의 소유권은 여전히 호씨(胡氏) 일가에게 남게 된다.

놀랍게도 1점에 수억 엔을 호가하는 품목도 있다고 하며, 정교한 비취 제품, 동판화, 유화 등 18세기에서 19세기, 20세기에 걸

44

처 있다고 한다.

호문호의 사회 환원율도 처음에는 이익금의 4분의 1 이상이었다는 것을 차차 늘려 마지막에는 이익금의 6할까지 끌어올렸다고 한다.

그리고 몇 군데의 의원, 고아원, 양로원, 정신병원, 각종 위생시설 특히 동남아시아의 화교 학교를 원조했다고 한다.

형제·아들로부터도 이자는 받아라

중국에서는 옛날부터 장사하는 집에서의 격언에 '친형제명산장(親兄弟明算帳)'이란 말이 있다. 그 '친(親)'이란 형제란 뜻이며, 산장(算帳)이란 말은 장부상의 금액을 말한다. 아무리 형제간의 사이일지라도 대차의 명세는 확실히 해야 한다는 것이다.

장사의 길은 싸움이므로, 거기에 1전 1푼이라도 납득이 가지 않는 점이 있다면 앞으로의 사기에 영향을 끼친다. 한판 싸움에서 지게 되면 무슨 일이든지 기력이 없어지고, 지는 버릇이 생기게 된다.

장사한다는 것을 신성화하고 있는 셈이며, 예외가 있어서는 안 된다는 것이다.

'매매논분(賣買論分-매매에 있어서는 한푼을 다투어라)'라고도 하며, 일반적으로 사거나 팔거나 하는 경우에는 푼(가장 낮은 화폐 단위)까지도 충분히 논해야 한다는 뜻이다.

'그것이 매매(賣買)의 상도(商道)라고 한다.'

어떤 화교든지 얼굴색 하나 변하지 않고 말한다. '상식적인 것을 말해서 무엇 하나' 하는 식이다. 인색하다든지, 귀찮다는 말은 걸맞지 않는 것이다. 여기에 합리 정신의 꽃을 발견할 수 있는 것이다.

인간으로서 무언가 어렵다고 해서 정(情)에 끌리는 것과 이해 관계를 능숙하게 풀어 가는 것보다 하기 어려운 것은 없다. 하물며 혈족이나 아주 친한 자와의 대차 관계는 일단 꼬이게 되면, 오래 질질 끌면서 감정 문제에까지 발전하게 되는 것이다.

그러한 점을 처음부터 분명하게 하지 않으면 안 된다. 적당주의나 배짱으로 나가게 되면 해가 미치는 경우가 많다.

형제나 자식들이나 조카 등, 집안에서는 손아래 사람들에게는 한계를 지워 두는 편이 본인의 장래에 도움이 된다고 보는 것이 중국인의 발상이다.

특히 아이들에게는 어릴 때부터 돈의 고마움과 그의 운용의 어려움을 실제로 교육한다. 어린 형제간의 돈의 대차에 있어서도 이자를 받는 것은 당연한 일로 간주되고 있다.

부모는 물론 아이들에게 필요 이상의 돈을 주지 않으며 돈을 빌려 주면 당연히 이자를 받는다. 그리하여 화교는 아이들 때부터 돈을 대차하는 데에는 의당히 이자가 붙기 마련이라고 생각하는, 경제의 근본 원리를 몸에 익히고 있는 것이다.

'빌렸으면 이자를 지불하라.'는 것은 아이들의 세계에서도 '상식적인 것을 말해 무엇 하나.'하는 식이다.

또한 독립하지 못하고 있는 아들이 어떤 연고로 진귀한 물건을 입수하여, '이것을 팔려고' 부모의 점포 한쪽 귀퉁이를 빌리려 해도 그 장소 값을 무는 것은 당연한 것처럼 여긴다. 그러나 친구에게서 돈을 빌려 쓸 때에는 무이자이다.

나의 자식으로부터 이자를 받는 것은 어디까지나 장사의 길 (商道)을 가르치기 위해서이다.

그 밖의 아이들의 단련법 중의 한 가지에는, 가령 돈을 주면서 근처의 점포에 심부름을 보낸다고 하자. 아이에게 말하기를 정가대로 모조리 사오게 되면 장래성이 없다고 한다. 아이도 재주껏 점포의 물건 중에 약간이라도 결점이 있는 것을 골라내어 홍정을 하게 된다.

'감액(깎을 금액)'해 주도록 요구하게 되는데 깎은 금액만큼은 아이의 '이익'으로 돌린다. 심부름 값을 처음부터 정해두지 않았으므로 수완 여하에 달려 있는 것이다. 만사가 그런 식이다.

9

자기의 페이스를 깨지 말라

인도네시아의 화교들은 국내 정치나 경제 사정이 안 풀리면,
"화교들이 돈을 너무 벌기 때문이다."
라고 하며 화살이 돌려진다.

그래서인지 평소부터 조심한다. 자카르타의 일본 제품을 취급하는 오토바이 상점은 3미터나 담을 쌓아두고, 장사가 끝나자마자 철 셔터를 엄중하게 내린다.

태국에서도 '화교는 태국의 유대적 존재'라고 말하는데 정미업은 말할 것도 없고 보석상도 대부분이 화교이다. 차이나타운의 야와라드 거리에는 한문 간판이 범람하고 있다.

말하자면 여관, 다방, 보석상, 요리점, 미곡상, 요리 재료 상점, 토산품점 등이 즐비하게 있다. 그 중에서 보석상, 포목상, 보험 회사, 신문사에는 조주인(潮州人)이 많다.

다음은 큰 화교 보석상의 이야기이다.

동경에 있는 화교의 소개장을 가지고, 보석을 구입하러 온 일본 상점원이 있었다. 그런데 조건이 붙어 있었다. 우선 일류 호

텔에 숙박할 것, 운전사가 딸린 고급 승용차를 빌릴 것, 약속한 대로 오전 10시, 명함을 내었더니 5층의 특별실로 안내되었다는데, 도어도 묵직하게 보여 마치 금고 안과 같았다.

주인은 고급 소파에 앉아 있으면서 상대에게는 나무 의자를 권하였으므로 마치 피고석에 앉은 기분이었다.

커피가 왔다. 통역을 통해 세상 이야기에 이야기꽃을 피웠다. 일본 사람은 안절부절못하는 데도 상대편은 모르는 척하는 모습이다. 다음에 옆방으로 인도되어 식사를 했다. 저쪽에는 가족 전체가 정장을 하고 기다리고 있었다. 이쪽에서도 상담(商談)을 중지하고, 식사가 끝난 후에 다시 원래의 방으로 되돌아가서야 겨우 보석에 대한 이야기가 나왔다.

그 대신 이번에는 3일 동안 연속적으로 각종 보석류를 보여 줘 '지겹기까지 했다'고 한다.

귀국하기 전날 아침에, 그쪽의 심부름꾼이 호텔을 찾아와서 초대장을 건네 주었다. 지정된 날의 저녁때에 나갔더니 연회장은 일류 호텔을 빌렸으며, 가족들이 일제히 웃으며 맞이해 주었다.

"이번에 물건을 사 주셔서 고맙습니다. 이 다음부터는 귀하와의 대금 결제는 동경의 ○○사에 부탁드립니다."
하며, 다음부터는 돈 없이도 얼마든지 판다고 하면서 거래의 순서를 저쪽 형편대로 진행했다.

화교는 자기가 우위인 때에는 그와 같은 사대주의를 관철하며 자기의 페이스를 깨뜨리지 않는다. 상대편이 안절부절못하는 것도 계산에 넣으면서 냉정하게 꿰뚫어보는 것을 잊지 않는다.

거기서 성급하게 굴면 그 상대를 단념해 버린다. 그 대신 그 테스트에 합격하면 돈을 받지 않고도 물건을 보낸다.

10

아이들이 번 아르바이트료라도 챙겨 넣어라

대가족 제도와 유교 정신을 유지하고 있는 세계에서는 어버이에게 효행(孝行)한다는 건 의심할 여지가 없는 도덕률(道德律)이다. 한번 어버이에게 불효라는 낙인이 찍히게 된 사람은 주위에서 상대하지 않게 되며, 나아가서는 장사까지도 지장을 받게 된다.

아이들은 아장아장 걸을 때부터 재떨이를 가져오게 하거나 성냥을 가져오게 하면서 길을 들인다. 아이들도 기꺼이 일한다. 소학교(초등학교)에 가게 되면 하교 후에는 점포에서 일을 거들어 주는 것을 상식으로 알고 있다.

양가의 자녀일지라도 휴일에는 점포에 나와 일을 돕고 자기 집에서 장사를 하지 않으면 아는 사람 집에 가서 일을 도와 준다. 돈을 번다기보다는 '장사의 비결을 배우러 간다'는 마음가짐이므로 번 돈은 자진해서 부모님에게 갖다 주는 경우가 많다.

고등 학생쯤 되면 어버이의 점포에서는,

'아무래도 제멋대로 해서 곤란하다' 하며 남의 점포에 견습생으로 가게 한다. 고교생들은 하교 후, 2, 3명이 모여서 숙제와 예습을 마치고는 아르바이트하러 나간다.

대학에 가게 되면 재산이 있는 집이라도,

"장사를 배우면서 진학할 수 있다면 학자금을 대준다. 그것이 안 될 것 같으면 대학에 가더라도 쓸모가 없게 된다."

라고 선고하기도 한다.

아이들이 구입하고 싶은 것이 있다고 하면, 어버이는 그것을 아르바이트해서 번 돈으로 사게 한다. 때로는 어버이의 안면으로 물건을 먼저 가져오고, 분할 지불하는 경우도 있다. 그런 경우에는,

"너에게 나의 신용을 빌려 주었으므로 그에 대해서도 이자를 지불해야 한다."

라고 가르친다. 어느 중년의 모친이,

"우리들이 언제까지나 아이들과 함께 있을 수는 없잖아요? 그들보다는 먼저 죽는데 일본의 어버이들처럼 새끼고양이같이 귀여워해 주다가는 아이들이 어떻게 살아갈 수 있겠어요?"

라고 말하였다.

또, 아이들을 일본의 고교에 보내고 있는 어느 화교의 모친은 이렇게 말했다.

"학교는 도덕과 주판을 제일로 삼고, 그리고 읽고 쓰는 것만 가르쳐 주면 된다고 생각해요. 그런데 일본 학교에서는 읽고 쓰는 것이 중심이므로 중요한 것이 소홀해져요."

그래서 지금 원래의 중국인 학교에 전학시킬 것을 진지하게 검토중이라고 하였다.

어느 나라에서도 마찬가지이지만 가령 어버이의 후광으로 지

위나 명예를 얻더라도 그것만으로는 사람들의 존경을 받을 수
는 없는 것이다. 하물며 하루아침에 사건이 일어나 자기의 위치
가 위태로워졌을 때, 그것을 역전시켜 다시 일어나기까지에는
어릴 때부터의 훈련이 필요한 것이다.

"아이들이 아르바이트로 번 돈이라도 챙겨 넣어라."

그 말은 절대로 인간을 무시한 말은 아닌 것이다. 장사의 냉
혹함을 가르치고 아이들을 강하게 키우기 위한 절실한 방편인
것이다.

자기의 저축액을 남에게 알리지 말라

중국어 통역의 자격증을 가진 동경의 어느 여성이 외무성을 통해서 산동성계(山東省系)의 홍콩인 통역으로 근무하게 되었다.

그녀는 50세를 넘은 그 중국인을 일개 시시한 상인으로 여겼다. 옷차림도 수수하고 물론 비서도 거느리지 않았으며 큰 가방을 들고 있었다. 그리고 어디에 나갈 때도 전차나 버스를 이용하며 택시 같은 것을 절대로 이용하지 않았다.

그녀에 대한 첫마디가,

"무언가 재미있는 돈벌이 이야기가 없습니까? 있으면 가르쳐 주십시오."

하는 말이었다. 사업 외에 우연히 만난 일본 사람 누구에게나 그녀의 업무인 통역 중에는 반드시 그런 말이 들어 있었다.

키는 자그마하면서 언제나 미소를 머금고 있었다.

그러나 그가 누구에게나,

"돈벌이할 만한 이야기가 없어요?"

하고 묻는 것은 단순한 인사가 아니고 진정으로 무언가 힌트를 잡으려고 하는 기색이 감돌았다.

얼마 후에 그녀는 어느 사람으로부터 그 남자의 정체를 들어서 알게 되었다. 놀랍게도 그는 홍콩과 로스앤젤레스에 큰 무역회사의 차이니스 레스토랑을 몇 개나 가지고 있는 대 사장이었던 것이다.

그의 재산은 부동산을 합해서 일본 엔화로 1천억 엔에 이른다고 했다. 그것도 10년 전의 이야기라고 한다.

그녀가 깜짝 놀란 것은 말할 것도 없었다. 그로부터는 단 한 마디도 그런 말을 들은 적이 없다.

그녀가 남편을 소개하고 함께 가마쿠라에까지 식사하러 갔을 때에도 아니나다를까,

"벌이가 될 수 있는 이야기가 없습니까?"
하고 말했다. 진작부터 그의 심성을 알고 있었던 남편은 놀라며 쓴웃음을 지었으나 그럴 때의 그의 얼굴은 진지하였다.

약간 마음이 풀리면서 신상 이야기를 하게 되었다. 20대, 30대에는 하루 3시간씩 자면서 일했다는 것이었다. 차를 타고 있으면 차 속에서 잠을 잤다. 그것이 버릇이 되어버려 지금도 5시간만 자면 충분하다고 한다.

그리하여 그는 자본을 저축하면서 자기의 재산에 대해서는 절대로 남에게 말하지 않으며 화교들끼리는 그런 것은 묻지도 않는다.

핑계나 허영을 위한 자기 선전에 빠져 속이 없는 것은 말할수록 손해이며, 남에게 말려들기 쉽다는 것도 알고 있는 것이다.

영리한 화교는 저금과 같은 재산을 절대로 남에게 말하지 않는다. 묵묵히 자금을 불리며 준비했다가 다음 사업을 일으킨다.

실행으로 만인에게 증명해 보이는 것이다. 또 다른 화교들도 말만 듣고는 신용하지 않는다. 실제의 행동을 가지고 그 사람을 평가하는 것이다.

약간 번창해졌다고 애인 대신에 비서를 거느리며 외제 차를 타고 돌아다니는 등 그런 행동은 실로 어리석기 짝이 없는 것이다.

측정할 수 없는 잠재력을 가지고 행동하는 자만이 실력자인 것이다.

12

돼지고기 장조림과 죽으로 인생을 구축하라

요코하마 중국인 거리에 신관을 가지고 동경 기타 지역에도 7개의 중국 요리점을 가지고 있는 '동발(同發)'의 주호종(周湖宗) 전 회장은 생전에 '나의 인생은 돼지고기 장조림으로 구축한 인생'이라고 술회하고 있었다.

광동성 순덕현 출신으로 28세 때, 친척을 믿고 요코하마에 상륙하여 처음에는 친척의 점포를 장만했다. 그때부터 줄곧 대분투하며 점포를 늘려 나갔다.

그와 비슷한 예로 차이나타운 뒷골목의 원조 죽 전문점 '안기(安記)'는 70년 전에 서자안(徐子安)이 개점한 점포이다.

서씨는 25세 때에 광동성 순덕현에서 일본으로 건너왔다. 물론 일본말을 한마디도 알아듣지 못했다.

그때까지도 선원이었으나 불쑥 죽집을 열었다. 그 죽은 쌀로서 만들며 4시간 이상 단불에 끓인다. 아침 8시에는 손님들이 몰려든다. 가까이에 있는 화교나 항구에 정박중인 중국인 선원, 항만 관계자들이 점포 문이 열리기가 무섭게 달려온다.

서씨는 3년이 지나자 고향에서 부인을 데리고 왔으며 조금씩 점포를 확장했다. 그 다음에는 시즈오카현의 미지마에도 점포를 냈다. 그 점포에는 중국에서 부인의 동생을 불러와서 맡겼다.

죽은 오랫동안 불을 지켜야 했다. 닭이나 돼지의 뼈로 우선 수프를 만든다. 그 수프를 걸러서 깨끗하게 한다. 쌀은 전날 밤에 수프에 담가둔다. 그리고 오전 4시에 일어나서 단불에 4시간 동안 계속 끓이므로 가스가 나오기 전까지는 매일 철야반을 정해 두지 않으면 안 되었다.

"그리 비싼 것이 아니었으므로 조그마한 이익을 쌓아가지 않으면 안 되었으며 어디에 놀러갈 수도 없고 참을성이 있어야 하는 장사지요."

라고 했다.

그리하여 화교의 상도(常道)인 혈연, 지연 위에서 장사를 구축해 간다. 한참 후에는 미사마에 점포를 개설하여 이번에는 본국에서 자기의 동생을 불러다가 책임자로 임명했다.

그와 같이 하여 기반을 구축해 갔으나 현재의 상점 주인 서시용(徐市容)씨는 1927년에 요코하마에서 태어났으며,

"전쟁중에는 쌀이 배급제였으므로 남에게 팔 것이 없었습니다."

라고 말하지만 종전 후에는 재개하였다.

서시용 씨는 이렇게 말했다.

"광동 지방에서도 아침에 죽을 먹는 집이 많습니다. 일어났을 때는 바로 위가 연동 운동을 하지 않으므로 죽이 좋습니다. 나는 역사가 낳은 건강식, 식사 요법의 비결을 캐치프레이즈로 삼고 있습니다. 다음에는 한방약을 곁들인 죽도 시판할 예정입니다."

58

13

인색하다고 말하거든 기뻐하라

약간 오래 전의 이야기인데 카나가와현에서 대대적인 장사를 하고 있는 대만 출신의 화교 F씨의 이야기이다.

60세가 되었는데도 의의가 있는 기부금은 선뜻 내놓으면서도 절대로 낭비는 하지 않았다. 자택에서 중국인 거리로 나올 때는 항상 걸어다녔다. 아들은 자가용을 타고 돌아다니는데도 본인은 택시도 일체 이용하려 하지 않고 걸어다니는 것이었다.

"건강 때문입니까?"

사람들이 그렇게 물으면 시원스럽게,

"손해보기 때문이야."

라고 대답한다. 일본 사람들 같으면 다리를 건강하게 하거나, 혈압 때문이라든지 보다 걸맞은 말로 대답하겠지만 그는 솔직하게 그렇게 말한다. 그래도 급할 때는 그 사람도 전차를 타는 적은 있었다. 그래서 짓궂은 사람이,

"전차는 타시는데 왜 버스는 타지 않으시지요?"

하고 물으면 명쾌하게,

"당신, 차비가 얼마인지 알아? 버스는 30엔인데 전차는 20엔이야."
라고 말한다.

인색하다고 생각해서는 안 된다. 남에게 피해를 끼치지 않는 한 철저하게 인색하면 알찬 결실을 얻을 것이다.

어설프게 남의 평을 염려하여 '돈의 지불은 깨끗한 사람'이라 뽐내면서 부자 행세를 하고는 집에 돌아오면 가난에 쪼들려서 마누라가 당장이라도 자식들과 집단 자살이라도 할 것 같은 말을 내뱉고 있다면 더욱 보기 딱할 것이다.

그런 점에서 화교들은,

'중국인을 혹시 인색한 집단'이라고 생각할는지 모르겠지만, 그것은 장래를 위해 자본 저축을 하는 것을 제일 조건으로 생각하기 때문이다. 그러므로 밖에서 인색하다고 오해를 받더라도 아무런 상관이 없는 것이다.

"생활은 가급적 간소하게 하고, 쓸데없는 노력과 돈을 쏟아 넣는 것을 피하는 것이 중국인의 생활 신조이다."
라고 잘라 말할 수 있다. 오히려 절약은 부자에 최단 거리로,

"저 사람은 인색해."
라고 누군가 말하거든 부자가 되는 표를 배급받았다고 생각하고 기뻐해도 좋을 것이다.

이런 이야기도 있다. 고오베에 있는 어느 화교 할머니가 의지할 곳 없이 혼자 살아가는데, 그야말로 인색하였지만 돈을 모아 30만 엔만 되면 전액을 화교들의 학교에 기부하는 것이었다.

화교들에게는 그러한 에피소드가 드물지 않다. 그들의 인색함 뒤에는 깊은 뜻이 숨겨져 있는 것이다.

14

과음은 가난뱅이의 지름길이라 생각하라

'군자 자중 소변 원행(君子自重小便遠行)'이란 길거리에서 소변을 보지 말라는 뜻이다.

군자(君子)는 자중하지 않으면 안 된다고 한다. 술도 자중해서 마셔야 할 것이다.

중국인들은 술에 취하는 일이 거의 없다고 한다. 만취하거나 취한 끝에 어린애 같은 행위를 하는 것을 용서하지 않기 때문이다. 일본에 오래 살고 있던 대학을 졸업한 화교는 반 핀잔 삼아 이렇게 말했다.

"정말 일본 사람들이 부러워요. 호언 장담하고는 친구들과 서로 치고받으며 발가벗고 춤춘 다음 그 여인과 시시덕거리며, 길거리에서 소변을 보며, 상점의 간판을 떼어 가더라도 다음날 잘못했다고 빌면 되니까요. 때로는 '그 자식 재미있는 놈이야.' 하고 용서해 주니까요. 우리들도 한 번만이라도 좋으니 그렇게 취해 봤으면 좋겠어요."

화교의 사회에서는 술 마시고 취해서 한 행동도 평소의 행동과 마찬가지로 취급된다. 아니 그 이상으로 책임을 추궁당하며 인격까지 연결된다. 두고두고 거래에까지 영향이 있는 것은 두말할 필요가 없다. 군자(君子)인가 아닌가 따지고 묻는 것이 가장 괴롭다고 한다.

공자도 '논어향당편(論語鄕黨篇)' 중에서,

"주량에는 정량이 없지만 자세가 흩어질 때까지 마셔서는 안 된다."

라고 말하고 있다. 술을 마시는 데 있어서 이렇다 할 분량을 정해 놓은 것은 아니지만, 자세가 흩어질 때까지 마셔서는 안 된다는 것이다.

"술과 늦잠은 가난뱅이의 지름길."

"술로서 맺어진 친구는 그 술버릇처럼 하룻밤 친구에 불과하다."

라는 말도 있다.

초대연이나 친목 파티에서도 주석(酒席)이 무절제한 '난장판'이 되어서는 흥이 깨어질 뿐만 아니라 목적 의식과 효과도 잃고 만다.

그렇기 때문에 화교들은 2차, 3차를 좋아하지 않는다.

그러나 연회에서는 기분 좋게 떠들고 술을 권한다. 일일이 상대편의 이름을 부르며 술잔을 권하여 한꺼번에 비우고는 잔을 엎는다. 그런 식으로 대면하는 사람부터 술잔을 차례차례로 돌린 다음, 다시 맨 먼저 사람에게 되돌아감으로 단숨에 들이킬 수 없을 때는 처음부터 그런 사정을 통고해 두지 않으면 안 될 정도이다.

법화경의 유명한 문구에도 '처음에는 사람이 술을 마시고 나중에는 술이 사람을 마신다.'라는 말이 있다.

술이 들어가면 지혜가 도망을 가며 분별력이 어디론가 사라져 버린다. 일이 잘되었을 때는 잘됐다는 축하주, 반대로 완전히 낭패가 되었을 때는 위로주, 그러한 기분을 모르는 바는 아니다.

그러나 당신이 만약 천리를 가야 한다는 마음가짐이 되어 있다면 여기에서 발을 헛디뎌서는 안 된다. 불과 십리에서 머물며 안심할 수 있는 인간과 어울리어 본체를 잃어버릴 만큼 술의 힘을 빌려야 된다면 바라볼 것이 없다고 할 수밖에 없다.

15

숫자에 귀찮게 굴어라

숫자에는 거리가 멀다고 말하는 사람이 있다. 무사도 정신을
뽐내고 있는 것인지, 사소한 일에 구애받지 않는다는 느낌을 내
보이려는 것인지, 어쨌든 화교가 그런 사람을 보면 한심하게 생
각한다. 숫자가 어두워서야 어떻게 재산을 이룰 수가 있을 것인
가?

전에, 일본어를 전혀 모르는 20세쯤 되는 홍콩 아가씨가 혈연
관계로 요코하마에 왔다. 그녀가 도착한 그 날부터 중국인 거리
에 있는 중국 과자점에서 일하게 되었다. 잡일이 아니고 과자를
판매하고 있는 것이었다. 물어 보았더니 놀랍게도 일본어의 1,
2, 3에서 억까지의 셈과 화폐의 단위를 1시간 남짓해서 외어 버
렸다는 것이다. 그리하여 그 날의 매상에 1엔의 착오도 없었다
고 한다.

영세 자본으로 시작하는 잡화상의 점원은 성냥갑 안에 들어
있는 성냥개비의 숫자까지 정확히 말할 수 있을 정도이며, 비닐
봉지 속의 느타리버섯 같은 것도 한개한개의 값을 눈 깜짝할

사이에 계산하며 또한 머리 속에서는,

'이것들의 이익은 얼마이다.' 하는 식으로 이익금의 산출까지도 하고 있다.

"그런 건 초등학생도 할 수 있어요."

하고 웃을는지 모르지만 해외 여행에 나가서 그 나라의 화폐 단위를 완전히 익히지 못해서 손바닥에 주화를 올려놓고,

"이 중에서 가져가요."

하는 일본 사람에 비하면 경이적이라 할 수 있다.

숫자를 기억한다는 것은 근검 절약의 정신과도 상통한다. 이용할 수 있는 것은 철저하게 이용하는 것이 중국 방식이다.

예를 들면 차를 마실 때 찻잔에 달라붙은 잎이라도 다시 한번 주전자에 넣어서 함께 끓인다.

욕망을 될 수 있는 대로 억누르고, 낭비를 없애며, 모든 힘을 집결시켜 한꺼번에 최대한으로 이용하는 것이 중국인의 경제 생활의 근본이다. 야구에서 말하면 공을 던지고 받는 것처럼 극히 초보적인 것이다.

숫자에 밝은 점은 3천 년 전에 분수나 소수점 숫자를 발견한 것으로도 알 수 있다. 또 어떤 일이든지 메모하는 것을 게을리 하지 않는다.

일본 사람들의 공부는 실천을 떠난 책상머리에서의 이론과 관념론에 치우칠 염려가 있다. 이론대로 재(財)를 축적할 수 있다면 경제학자들은 누구나 부자가 되어 있어야 하지 않을까?

각 나라의 숫자에 강해진다는 사실 정도쯤은 장차 무역 입국을 겨냥하는 국민에게는 기본적인 조건일 것이다.

16

금은 돈보다 소중한 보배라는 것을 알아라

'금(金)'은 '보배'라고 중국인들은 입버릇처럼 말한다.

'돈(金)', '금(金)'이 같은 글자인 것도 금이란 금속 원소가 세계의 화폐 단위의 원기(原基)로 되어 장식품으로나 또한 귀금속으로서도 제일인 것이다.

인플레이션도 강하고, 세계 어디서나 필요하면 현금으로 바꿀 수 있는 금은 중국인들이 제일 신용하는 것으로서 가능하다면 금으로 만든 막대를 가지고 다니고 싶을 것이다. 다이아몬드는 상처가 나기 쉽다고 한다. 그러므로 중국인들은 보관하기에 다소 어려움이 있는 다이아몬드보다는 금을 더 소중히 여긴다.

일본 재무부에서는 금의 수입을 엄격하게 제한하고 있었으나 최근에는 다소 그 제한을 풀어놓고 있다. 누구나 해외에 나갈 때마다 인편을 통하여 허가된 범위 내에서의 순도가 높은 금제품을 모으고자 한다.

세계 2차 대전이 끝난 뒤에 쓰지마사노부 전 참모도 랭군에서 철수할 때, 장교 고리 2개에 금막대기 등을 차곡차곡 넣어서

군인 8명으로 하여금 지고 들어오게 했다고 목격한 다카하시주이치 씨(임팔 작전에 참가했던 전 하사. 현재 요코하마 동카나가와 '마카도' 사장)도 증언하고 있다. 그것이 지원금이 되었다는 것은 쉽게 상상할 수가 있는 것이다.

그러므로 화교는 전쟁, 천재, 역병, 기근이 끊이지 않았던 옛부터 피난할 때에 들고 가기 쉽고 확실하게끔, 전재산을 기회 있을 때마다 '금'으로 바꾸어 언제나 가까이 간직하고 있었다.

귀에다 구멍을 뚫어서 금귀고리를 달고 목, 팔목, 발목에 금의 링을 끼고 있었던 것도 그 때문이며, 남녀노소를 막론하고 그렇게 하고 있었다. 그리고,

"아이들에게 달아 주는 것도 그것은 부모의 정표(情表)예요."
라고 설명한다.

"무슨 일이 일어나서 부모와 떨어지게 되어도 금(金)만 있으면 금을 팔면 먹고 살 수 있으며, 그것을 밑천으로 장사를 해도 되며, 어린아이들도 금을 가지고 있으면 누군가가 보살펴 줄 거라고 아이들에게 언제나 가르쳐 놓고 있어요."
라고 나가사키의 어느 화교는 말한다.

여자아이에게는 어릴 때부터 귓불에 순금 귀고리를 달아 주면 사람들로부터 귀여움을 받는 한편, 필요할 때에는 언제나 현금화할 수 있고, 값도 그때그때의 국제 시세를 유지해 준다.

게다가 아이들에게도 진짜를 달아주면 정신적으로도 풍요로워짐은 말할 것도 없다. 그런데 요즘 같아서는 너무 소문을 퍼뜨리면 유괴 사건이나 도난 사건의 원인이 되지 않을까 걱정이 되기도 한다.

17

결혼식의 주역은 양가 부모임을 알아라

결혼식 피로연에서 신경이 쓰이는 것은 일본에서는 신랑, 신부의 양부모가 맨 끝자리에 대기하고 있는 점이다.

화교들은 그렇지 않다.

화교들의 결혼식에서는 신랑, 신부의 부모들은 주빈석에 의젓이 앉는다.

"오늘의 주인공은 신랑, 신부를 이제까지 키워 주신 부모님입니다."

라고 더욱 정중하게 모신다.

결혼식 전에 행하는 약혼식의 피로연 때에는 부모는 신랑, 신부가 될 사람을 인솔하여 함께 조상령에게 빌면서 전통적인 덕(德)을 표현한다.

결혼식의 피로연은 세계 각국과 마찬가지로 집안을 비롯하여 화교 사회, 거주국 관계자에게 두 사람을 다시금 소개하는 일인데 소갯말의 내용도 이제까지 키워 주신 부모의 존재를 높이 칭찬하는 말이 많다.

화교 사회에는 청첩인과 중매인이 있다. 청첩인은 장로(長老)와 같은 사람으로 말하자면 끝까지 지켜보는 사람인 것이다. 또한 석상에서 등기를 하는 예도 있다. 중매인은 신랑측과 신부측 쌍방에서 내세운다. 중매인은 부부가 나오므로 관련자는 상당한 수에 이른다.

　관계자가 많으면 많을수록 결혼식이 빛나고 책임도 크다는 것이다.

　연회가 무르익으면 신랑, 신부가 부모를 따라 객석을 빠짐없이 돌면서 한사람한사람 건배를 한다. 형제 자매들도 이에 뒤따라 돌면서 서로 악수를 하며, 술을 따르고 담배를 권한다. 객석을 돌 때의 주역도 역시 양친이며, 마치 한 무리를 이끌고 있는 느낌이다. 보기에 따라서는 거기에서도 주역은 부모들이며, 손님들도 양쪽 부모에게 먼저 인사하며 부모 쪽에서,

　"이 젊은애들을 잘 부탁합니다."

하고 고개 숙이며 마치,

　"부모가 있음으로써 신혼 부부가 있다."

라는 느낌을 받는다.

　무자식은 부모에게 불효라고 하며, 양친들은 손자를 빨리 보고 싶어하며 그렇지 않으면 화교 사회에서는 최고의 불효라고 보고 있는 것이다.

　그러므로 언제까지나 결혼하지 않는 것도 불효가 되는 것이다. 화교 사회에서는 지금도 자유 연애에 의한 결혼은 그리 많지 않다.

　이제까지 씨족 사회를 지켜온 화교의 젊은이들은 결혼을 하게 되면 집안의 장, 종주(宗主)나 조부모, 친척의 충언을 잘 듣기 때문이다.

18

아침은 죽으로 때워라

식사를 중히 여기는 화교인들은 저녁 식사는 만사를 제치고 온 식구가 함께 한다. 그렇기 때문에 저녁 식사가 밤 10시, 11시가 되는 가정도 허다하다.

식사를 1일 4회, 일을 많이 하는 집에서는 새참(만두 같은 것)을 포함해서 5회를 취하는 예도 있다.

저녁 식사를 기름기가 많은 것으로 하기 때문에 아침에는 죽을 먹는 가정이 많다. 더구나 젊은 층에서는 시대의 유행을 따라 토스트와 홍차, 과일로 때우는 사람도 많다.

아침 식사를 죽으로 하거나 집에서 만든 만두로 하는 것은 오랜 전통이다.

옛날, 중국 본토에서는 한 마을 단위로 아침 일찍부터 백탕(白湯)을 파는 집이나 죽, 만두를 파는 점포도 있었으므로, 그것으로 아침을 대신하고 있었다.

죽을 곁들이는 것은 출신자와 사람의 기호에 따라 다르다. 짠 것을 좋아하는 사람은 된장, 쇠고기 장조림, 두부조림, 달걀조림을 곁들이며 생선, 고기, 채소 삶은 것을 곁들이는 사람도 있다.

그리고 전날 저녁에 남은 것을 프라이팬에 데워 곁들이는 영리한 사람도 있다, 또 영양가가 많은 콩국을 마시는 사람도 많다.

또한 중국인들은 찬 음식을 '그것은 거지가 먹는 것이다.' 하며 싫어한다. 돼지고기를 많이 먹는 관계상 찬 기름기는 소화가 잘 안 되며 '찬 것을 먹으면 병이 난다.'고 전해져 내려오기도 한다.

그런데 일본에서도 시코쿠 지방의 농가에서는 계절에 따라 토란죽을 먹는 습관을 가진 곳도 있으나, 화교들이 아침 식사를 죽으로 하면 좋다는 이유는 무엇일까?

우선 간단해서 경제적이라고 할 수 있다. 그리고 거기에는 여자들의 노동 시간을 줄이려는 의도도 담겨 있는 것이다. 더구나 아침 죽은 건강에 좋다.

사람들의 위는 아침에 일어나자마자 곧바로 완전한 작용을 하지 못한다. 위액의 배출도 불충분하다. 아침 죽은 소화 활동이 쾌조하지 않은 위의 부담을 가볍게 하므로 머리도 가벼워지고 활동하기 편하므로 당연히 하루의 일에도 정진할 수 있게 되는 것이다.

그렇다고 매일 아침 죽을 먹으면 장사가 잘된다는 말은 아니다. 요컨대 그만큼 건강에 유의하고 있으면 성공의 일보 직전이 될 수 있다는 것이다.

그런 것도 모르고 동남아시아를 돌아다니는 관광 단원의 안내양이,

"화교들은 아침에 죽을 먹는 가정이 많습니다."

라고 한 말을 듣고는 신기한 사실이라도 안 듯이,

"역시 우리들은 풍요하구나. 그들은 가난하기 때문에 아침에 죽밖에 먹을 수가 없는 거야."

그렇게 생각하고는 개중에 그런 것을 잡지에까지 쓰는 사람이 있어 엉뚱하게 실소(失笑)를 자아냈다는 이야기도 있다.

당연한 일이지만 역시 건강도 장사를 성공으로 이끌어 주는 기둥이다.

19

저녁 식사는 적어도 3시간을 소요하라

중국에서는 친한 사람과 인사를 할 때, '흘반료몰유(吃飯了沒有 ; 식사를 했습니까)'라고 한다.

상대편은 '흘과료(吃過了 ; 마쳤습니다)' 라고 받아넘기지만 더구나 답변은 식사에만 구애되지 않는다. 전혀 다른 뜻은 없으며 '안녕하십니까?' 정도의 뜻이라고 생각하면 된다. 다만 식사를 중요한 매일의 의식이라고 생각하는 마음가짐이 그 밑바닥에 깔려 있는 것이다.

'민자이식위천(民者以食爲天 ; 왕은 백성을 하늘로 알아라)'으로서 백성이 최고라는 뜻이다.

먹는다는 것은 하늘에서 주어진 평등한 권리로서 건강을 유지하며 돈벌이의 길을 매진하는 원동력이 되기도 한다. 일본 사람들처럼 불의의 내객에게,

"실례지만 식사를 마치겠습니다."

하고 우물쭈물하는 짓은 육체 노동자 이외에는 절대로 하지 않는다.

동남아시아의 일본과 합병 회사에서는 현지에서 채용한 종업원들은 점심 시간에 집에 가서 따끈한 식사를 하도록 배려해 주고 있다. 일본 측 경영자는 어떻게 해서든지 그 시간 낭비를 없애려고, 사원 식당에서 공짜로 점심을 제공한다든지 급료를 올려 주겠다는 등 여러 제의를 하고 있으나,

"식사를 집에서 할 수 없다면 회사를 그만두겠습니다."

하고 한결같이 호소하고 있다고 어느 간부가 털어놓았다.

한집안의 주인이 요리를 하는 것도 자랑으로 여기며 허물없는 손님을 초대하여,

"이것은 내가 만든 요리입니다."

라고 매우 기쁜 듯이 피력한다.

"이것을 먹고 힘내서 돈벌이한다. 그것이 최상책이야."

일본 여성과 결혼하여, 양옥집에 살며, 중국 요리사를 고용하고, 프랑스 여자를 연인으로 삼는 것이 세계적 플레이보이들의 동경이라고 말한 적도 있었으나, 중국 요리는 맛이 좋을 뿐만 아니라 스태미나를 오르게 하는 데에도 신경을 쓰고 있다.

그리고 하루 중 저녁 식사에 중점을 두어 식구들이 단란하게 모여 화목을 도모함과 동시에 자녀들 교육의 장소로 삼기도 한다. 아무리 바쁘더라도 그 저녁 식사만은 지킨다.

어느 무역 회사(동경)의 사장은 5년 동안 해외나 국내 여행을 떠나지 않는 한 매일 밤 11시에 그것을 실행함으로 아이들도 전원이 기다리고 있다고 한다. 아이들에게는 설교라고 하기보다는 완곡하게 확인하는 정도로서 장사의 길을 깨우쳐 준다.

저녁 식사 때에 충분한 시간을 들여서 자녀의 교육과 건강과 장사의 충실을 기하는 것이다.

20

밤샘은 서푼어치의 득밖에 안 된다

그래서인지 오타 사쿠노스케의 소설에,

"가난뱅이의 아이들은 어디에 있으나, 그 몸이 밑천이다."
라든지,

"자기의 몸을 상하게 하면서까지 일해서는 안 된다."
라는 식의 표현이 있기도 하나, 화교도 점포가 중급 정도 될 때까지도 끈기 있게 남보다 1시간이라도 오래 일한다. 내 몸을 괴롭히는 것으로서 다른 사람과의 차이를 노리고 있다. 아침에 일찍 일어났으니까 밤에 일찍 자도 좋다는 것은 생각할 수도 없는 것이다. 아침에 일찍 일어나는 것만으로는 차이를 둘 수 없는 것이라며, 내친 김에 밤에까지 필사적으로 노력하자는 것이다.

다분히 유연성을 가지고 있는 화교 상법은 숨막히는 듯이 보이는 데서 진가가 발휘된다.

지금 유행하고 있는 스낵 형식을 개발한 것도 본거지는 요코하마의 화교이다. 밤중에 술을 팔아서는 안 된다는 지방 행정관청의 조례가 시달되자 '그렇다면 좋은 수가 있어요.' 하며 식사를 손님들에게 들도록 하면서 합법적으로 빠져나가는 길을 발견했다.

매일 타임레코드처럼 귀가하여 저녁 식사를 단란하게 마치고는 드러누워 텔레비전의 야구를 보고 있었다면 그와 같은 맹점을 알아차릴 수가 없었을 것이다. 자기 자신도 밤거리를 방황하며 대중들이 무엇을 요구하며 걷고 있는가를 냉정한 눈으로 바라봄으로써 아이디어도 솟구치는 것이다.

어떤 장사라도 항상 대중과 밀착되어 있지 않으면 성공하지 못한다.

싱가포르는 반소매 셔츠로 족한 도시이다. 잠자기 힘든 밤에는 바깥에 나오는 사람도 많고, 노점은 밤까지 열고 있으며, 새벽까지 개점하는 데가 있다. 어렵게 생각할 것 없이 24시간 영업과 같은 것이다.

노점이 많은 거리는 많지만, 그 중의 하나인 '버디스트리트'는 번화가에 인접해 밤이 되면 하얀 테이블 천을 씌운 노천나이트클럽이 출현하는 장사이다.

남국 특유의 스콜(열대 지방의 소나기)을 피하기 위해 녹색 비닐 텐트가 쳐져 있으며, 모여드는 사람은 영국인이나 오스트레일리아인 등 백인들이 대부분이다.

그런데 0시를 지나면서 떼를 지어 나타나는 사람은 보기에는 아름다운 미녀로 보이지만 그들은 모두가 게이(여장을 한 남자)들이었다.

중국계, 인도계, 말레이시아계, 인도네시아계, 유럽계, 그 혼혈까지 여러 종이 있다고 한다.

대기하고 있던 백인 호사가들이 그들과 술을 마시기 시작하는데, 거기에 나타나는 것이 중국계 청년이다. 폴라로이드 카메라를 안고 그 풍경을 마구 촬영해 댄다. 1장에 싱가포르 달러로 50달러에 판다. 장소 제공, 테이블, 의자 빌려 주는 집, 음식점, 토산·잡화점, 구두닦이…… 모두가 '중국인'이다

역시 밤을 새우다 보면 무언가 장사가 될 만한 것이 있다는 것이다.

21

잠깐 쉬는 것은 죽어서 하라

화교는 자기가 짊어지고 있는 여러 가지 핸디캡을 메우기 위해서 몸이 가루가 되도록 일하는 것 외에 다른 방법이 없다는 것을 알고 있다.

남과 같은 방법으로 하다가는 커 나갈 수가 없는 것이다. 그래서 일찍 일어나고 밤늦게까지 돈을 벌고, 휴일도 없앤다는 전통적인 수법을 우선 생각해내어 그것을 실행한다. 한 집안의 주인이 솔선해서 일하면 당연히 가족 전체가 그를 따른다.

진학하는 아이들에게 지나치게 신경을 쓰면서 시험 공부를 시키는 일은 없다.

어느 분야를 막론하고 성공한 화교는 청년 시절의 수년 동안의 수면 시간 3~5 시간을 꾸준히 지키면서 일을 계속하고 있다.

아무리 재정적으로 풍요로워졌다 하더라도 모두 열심히 일한다.

다만 어느 정도의 지위, 사회적 신용을 얻으면 '잘 벌고 잘 논다'는 쪽으로 전환하는 일도 있다.

그러나 이래서야 남 보기 부끄럽고 신분에 걸맞은 발상이 아니라는 것은 말할 것도 없다. 그렇지만 그 '놀이' 속에서 새로운 영업상의 힌트나 루트를 잡기 위한 것이다.

고 설래광(薛來廣)씨는 복건성(福建省) 출신으로 중화인 거리에 5층이나 되는 고층식 북경 요리점 '양화루(陽華樓)'의 주인이었다. 그리고 중국어 주간 신문인 '양화교보(陽華僑報)'를 간행하고 있었고 다방 같은 것도 경영하고·있었다. 그는 처음에 양복지 행상으로 돈을 벌어 호텔 경영, 빠찡꼬점 경영 등으로 어려움을 참고 견딘 결과 부(富)를 이룩하였던 것이다. 그렇지만 죽을 때까지 요리점 현관 청소를 일과로 삼고 있었다.

"우리들보다 일찍 일어나 청소를 하고 있으므로 약간 미안해."

청소 도구를 빼앗겨버린 꼴이 된 종업원들은 이렇게 말한다.

같은 중국인 거리의 대반점 '화정루(華正樓)'의 사장이며 화정사상(華正事商) 사장인 강하량명(江夏良明) 씨는 절강성 출신인데 사람과 면회를 할 때, 정해져 있는 것처럼 시계를 들여다보고,

"5분 후에는 ○에 가야 하기 때문에……."

하며 분을 다투며 일한다. 자기 집의 상업상의 용무뿐만 아니라 중화가 발전 협회(中華街發展協會) 등에서 동분서주하고 있다.

바로 '조기3조(早起三朝) 일공(一工)에 해당한다'—일찍 일어나기를 3일간 계속하면 1일분의 일에 상당한다는 것으로서 화교 집에다 전화를 할 때에는 일찍부터 예약해 두지 않으면 기회를 잃어버린다. 사업이 다각적이기 때문에 사업소가 여기저기에 있어서 그 중의 한 군데라도 남에게 알려져 있지 않은 전

화 등 사무실 창고가 있기 마련이다. 거기는 측근 이외는 가까이 갈 수 없는 말하자면 분장실과 같은 곳으로서 전술을 짠다.

그리하여 일할 수 있는 동안은 일하는 것을 천명으로 믿고 실천하고 있는 것이다.

제 *2* 장
자기의 '돈이 되는 나무'를 키운다―번다

22

10만 엔 있으면 독립하라

독립하거나 장사를 시작하려고 할 때에 자본이 전부는 아니다. 중요한 것은 의지(意志). 즉 하려는 마음이다.

'공자무출두(工字無出頭)'라고 하여 남에게 고용 당하여 육체노동을 언제까지나 하게 된다면 머리를 들 수 있는 기회는 없다고 하는 가르침이다.

돈버는 면만을 보더라도 회사에서 근무하는 것은 장사에 도저히 미치지 못한다. 회사에서 아무리 엘리트 코스를 걷고 있더라도 돈벌이에 관한 한, 모양새를 제외한다면 이윤은 오뎅집을 차리는 것에 미치지 못하는 것이다.

그것은 철칙이다. 그러므로 화교들은 남에게 고용 당하는 것을 싫어하며, 어떤 장사든 우선 독립하려고 한다.

샐러리맨이라도 얼마 모으기만 하면…… 하고 독립의 기회를 겨냥하여 준비를 단단히 하고 대기하고 있는 사람이 많은 것이다.

그러나 '충분한' 자본이 만들어지는 것을 기다리고 있다가는 그거야말로 언제가 될지 모른다. 그런 생각은 갖고 있었더라도 눈으로 뻔히 보면서 찬스를 놓쳐버린대서야 아무것도 되지 않을 것이다. 독립하려고 결심한다면 곧바로 지금부터 시작해야 할 것이다. 자본금이 천 엔이라도 상관없다. 문제는 하려는 마음가짐인 것이다.

"그렇다면 무엇을 시작하면 좋은 것인가 가르쳐 주십시오."

그것은 자기 자신이 발견해야 하는 것이다. 환경과 때에 따라 손님의 대상도 달라지고 상품의 종류도 자연히 달라지는 것이다.

화교 같으면 이런 때에 무엇을 시작할까? 혈연, 지연이 없는 곳이라면 천 엔으로 평범하게 서서 땅콩 장사를 할 것이다.

땅콩 장사 아니더라도 뭔가 식품 파는 것부터 시작할 것이다.

중국에는 옛날부터 개문팔건사(開門八件事)라고 하여 쌀, 기름, 소금, 된장, 식초, 차, 땔나무, 파 등 8가지의 일상생활 필수품을 취급하는 장사가, 이윤이 적고 몸을 많이 움직여도 가장 손쉽고 틀림없는 것으로 생각하고 있기 때문이다. 더욱이 재고가 남지 않으면 도산할 염려도 없기 때문이다.

장사에 재주가 없는 것 같다고 포기하는 것은 지레짐작이며 장사를 성공시키는 것은 재능보다도 하려는 마음가짐과 끈기이다.

극히 드문 예이기는 하나, 지금 동경의 신주쿠에서 다방 등 몇 채의 음식점을 가지고 있는 화교 부부 둘이서 처음에 독립했을 때에는 4, 5명이 들어가면 가득 차 버리는 스낵점으로, 손님이 케이크를 주문하면 한 사람이 뒷문으로 살짝 빠져나가서 다른 점포에서 할인 받아 원가로 판다는 식이었다. 케이크는 들여놓을 자금도 없고, 도매상에서도 외상을 주지 않는다. '모양새를 내는데 고생했다'는 것이었으나, 한참 동안 끈기 있게 참는 동안에 자금과 신용이 쌓여 서서히 점포를 넓혀 갔다.

알뜰한 정공법(正攻法)으로서 좋다. 반년이나 1년을 끈기 있게 견디고 있으면 생각하지 않은 길이 열리게 되는 것이다.

23

10년 단위로 큰 목적을 가져라

눈앞의 위기감에 본능적이라고 할 정도로 민감하게 대응하는 것이 화교이다. 그 감각이 장사의 기회를 포착하며 또한 전업의 찬스를 포착하는 데 크게 이바지한다.

그와는 정반대로 선견지명이 있어 앞을 꿰뚫어보아 그때까지 견디며 참고 기다리는 것이 오랜 전통이라 할 것이다. 만세공격이나 옥쇄 전법을 취하는 법이 없다.

달인의 바둑이나 장기에 있어 미숙한 사람이 아무리 훈수 초단이라고 두 눈을 둥그렇게 뜨고 있더라도 한수한수의 진의를 포착할 수는 없다.

언뜻 보기에 평범한 더구나 정석이라고 해도 과언이 아닌 엉뚱한 벽지에 두어지는 한 수 그것이 포석으로서 두고두고 전황을 유쾌하게 하는 것이다.

홍콩에서 중국인들이 슬슬 어디론가 탈출하려고 하는 이야기가 나오기 시작한 것은 본토에서 홍위병(紅衛兵)이 등장한 때였으므로 이미 그 계획이 중지된 것이 아닌가 생각했더니 그렇

86

지 않았다.

산 속 밑바닥에서 몰래 흐르는 물과 같이 일부에서는 착실히 그 계획이 진행되고 있었다. 각자가 생생한 정보를 입수하여 그것을 종합하여 판단을 내리고 있었다.

그런데 그 탈출선이 제일 먼저 육친, 동향인 친구, 지연이 있는 나라를 후보로 떠올리고 있는 것을 당연하다고 생각할 것이다.

모두들 싱가포르를 비롯한 동남아시아 여러 나라 일본, 미국 등을 입에 오르내리고 있었다.

그러나 아시아에는 언제 재산을 몰수당하거나 '자기 나라의 여성(남성)과 결합하여 국적을 가져라' 하고 반강제적으로 강요당할 위험성이 있는 나라가 있으므로 신중을 기하지 않을 수 없었다.

그렇다고 일본과 같이 입국 수속이 까다로운 한편 언어에 익숙해지기가 어려운 나라보다는 미국의 서해안이나 캐나다, 호주 등지가 그 후보지로 선정되는 일이 많다.

그러나 미국에서는 홍콩에서 중국인들이 대가족으로 이주해 오는 것을 경계하며 쉽게 허가하지 않는다.

그래서 어느 사람, 가령 천(千)씨라 하자. 천씨 일가는 가족 16명(가장의 처첩이 동거) 중에서 우선 가장 아래의 젊은 부부의 남편(29 세)이 먼저 단독으로 도미하여 연고를 찾아 자동차 수리공 양성소에 들어가는 데 성공한 뒤 2년 후에 졸업하자 양성소의 소개로 취직을 했다. 다음에 그가 보증인이 되어 곧바로 형(32 세)을 불렀다. 미리 부탁해 두었던 중국계가 경영하는 중화 요리점의 매니저로 곧바로 취직을 시켰다. 1년 후에 홍콩에서 키펀치의 자격을 딴 형수와 그 모친을 불러들이는 식으로 대가족 중에서 초청하기 쉬운 사람부터 불러들여 현재 '미국 상류 작전'을 착착 진행시키고 있다.

천씨 일가의 본래 목적은 미국에서 큰 중국 요리점을 경영하는 데 있다. 그 큰 목적을 위해서는 겁없이 세상에 몸을 던져 어떤 일을 하건 참고 노력한다.

중국인들의 사물에 대한 사고 방식은 최저 10년 단위라고 말한다. 천씨 일가가 목적을 달성하는 데는 과연 몇 년이 걸릴 것인가?

속시원한 집념에 뒤에서라도 성원하고 싶은 기분이 든다.

24

종업원은 합숙 방식으로 단련시켜라

일본에선 텔레비전에 눌려 영화 시대는 아주 사라지고 있으나 동남아시아에서는 레저의 왕자라고 하면 아직도 '영화'라는 시대가 지속되고 있다. 데이트도 영화관으로 가는 경우가 가장 많다.

동남아시아를 겨냥한 영화는 홍콩과 말레이시아에서 제작하여 각국에 직영관을 가진 쇼 프라자즈(郡氏兄第公司)가 독점한다.

아시아 최대의 스케일을 자부하며 홍콩 본사에서는 천 명의 종업원을 거느리며 전원이 입주해 있다. 집세도 필요 없다.

감독, 시나리오 라이터, 배우, 조명, 의상 등 뒷바라지하는 사람에 이르기까지 희망한다면 전원 OK, 사택(社宅)을 촬영소 내에 가지고 있다.

구룡반도(九龍半島)의 동쪽 산기슭 2.6 헥타르에 본사 및 각 시설을 갖추고 있다.

촬영 면에서는 대규모의 오픈 세트가 있기 때문에 작업도 무리 없이 진행된다. 물론 중국 시대극에 필요한 의상, 결발(結髮)

계도 갖추어져 있다.

소씨(邵氏) 형제는 6명이 있는데 영화 기업에 매달린 지반, 즉 계기를 만든 것은 싱가포르 대표 4번째인 소인매(邵仁枚) 씨이다.

싱가포르에서도 일급지에 사옥이 있다. 소인매 씨는 60년 전에 상해(上海)에서 싱가포르로 이주하여 자전거에 영사기를 신고 변두리에서 출발하였다. 끝에 동생인 소일부(邵一夫) 씨를 상해에서 불러들여 형제 회사를 발족시켰다. 동생은 지금 홍콩의 사장이다.

영화 제작은 중국어(관동어, 북경어 그 외), 영어, 말레이시아어로 만든다, 수입한 것도(가령 일본 영화) 중국어, 영어로 바꾸어 취입한다. 화교들 중심으로 하는데 현지인에게도 팬들이 많다.

개봉관을 위시하여 상영관으로서는 홍콩을 비롯하여 싱가포르, 말레이시아, 미국에 약 150개의 직영관이 체결한 극장을 가지고 있다.

같은 계열의 회사가 대중에게 인기가 있는 것은 그리 돈을 들인 영화 제작을 하지 않는 것이다.

창립 시절의 '저소득층의 사람들에게 기쁨을 안겨 준다.' 라는 처음 생각을 잊지 않고, 그 만큼 많은 작품을 모토로 연간 40개의 영화를 제작하여 내보낸다.

더구나 '1년에 몇 번씩 문자 그대로의 자선 홍행을 개최할 뿐만 아니라 자사(自社)의 입김이 닿는 극장에서, 설날에는 금품을 저소득층에 나누어주는 것'이라고 지방민들이 설명한다.

25

3대 앞을 꿰뚫어보고 장사를 하라

중국에는 '3대평균설(三代平均說)'이 있어서 초대, 2대, 3대를 종합하여 평균하면 어느 집이건 훨씬 나은 집도 없고, 또한 극단적으로 나쁜 집도 없다는 것이다.

초대가 창업하여 가문을 일으켜 2대째가 뒤를 잇는데 3대째가 그 대를 망친다는 일이 있는가 하면, 초대가 주정뱅이로 2대째가 무언가 사업을 일으켰으나 죽고, 3대째가 성공으로 이끈다는 식으로, 무슨 일이든지 그때만을 보고 일희일우(一喜一憂)해서는 안 된다고 한다.

그와 같은 인생관에 철저하게 되면 무엇보다도 눈앞의 일에만 급급하지 않고, 마음 너그럽게 천천히 때를 기다릴 수도 있고, 당황해도 소용없다는 다소의 체관(諦觀)과도 상통한다.

그렇다고 노력하는 것을 그만두라는 말은 아니고 아무리 아옹다옹하더라도 천운이 정해준 대망(大網)이 있으므로 거기에서 빠져나올 수는 없다고 가르치고 있다.

그러한 발상이 있기 때문에 그들은 사소한 실패에도 초조하지 않고 성공했다고 뽐내지도 않는다. 전부 아니면 무라는 양자 택일에 스스로가 뛰어드는 일이 없으며, 착실하게 실리를 쌓아 간다.

그래서 드디어 자기 대(代)에서는 더 이상 안 된다고 생각되면 아들에게 꿈을 갖게 하기 위해 교육에 돈을 쏟는다.

프로 야구의 왕정치(王貞治)의 아버지 왕사복(王仕福) 씨는 절강성 천정이란 시골 출신으로 24세에 도일(渡日)하여 일용잡부, 노무자, 짐꾼, 중국 메밀국수 배달, 요리사를 거쳐 조그마한 중화 요리점을 가지고 일본 여성과 결혼, 쌍둥이(男女)를 낳았으나 여자아이는 죽고 남은 아이가 왕정치군이었다.

와세다 실업 시절에 왕정치(王貞治)가 야구에 재능이 있다는 것을 알고, 따뜻한 마음으로 아들을 이해하고, 바빠서 일손이 부족하여 고민하는 점포 실정이었으므로 학교에서 돌아오는 왕정치에게 도와 달라고 하고 싶은 마음은 간절하였으나 야구 연습에 보내어 합숙을 계속시켰다.

'자식은 3살 때부터 혹사시켜라'고 하는 것도 화교이지만, 장래가 촉망되면 철저하게 뒷바라지를 해 주는 것도 화교이다. 어중간하게 하지는 않는다.

그러므로 그 선견지명과 3대 평균설로 '차차 그 아이가 집안을 일으킬 기반이 될 것이다.'라고 믿는 왕씨 일가는 일본에 있는 화교들 사이에서는 훌륭하다고 하며 대인기였다.

그에 보답한 왕정치(貞治) 씨는 물론 범재(凡才)는 아니지만, 만약 그러한 이해가 없이 '이렇게 바쁜데 공을 던지며 막대기나 휘두르고 있을 수 있는가' 하고 다그치고 있었다면, 그 유명한 왕정치의 모습은 볼 수 없었을 것이다.

92

그와는 별도로 왕사복 씨는 동경·신주쿠 기타 지역에 '제1복부(福富)빌딩' '제2복부빌딩'을 소유하고 있으며 한 개에 수억 엔 하는 빌딩도 가지고 있고, 여러 가지 사업에 성공했다.

　그의 아버지는,

　"아냐, 내가 가장 성공한 것은 나의 아들이야."

하며 누구에게나 자랑삼아 말했다.

　3대 평균이란 척도로서 그들은 손득(損得)을 판단한다.

　그들이 동업자끼리의 신용을 그처럼 중요하게 여기는 것도 자기의 2대째 3대째의 일을 생각한 결과의 포석인 것이다.

26

모양새가 좋지 않은 장사부터 시작하라

모양새가 좋고, 연고와 밑천이 없어도 되고, 아울러 이윤이 많은 장사 같은 것은 좀처럼 찾아볼 수 없는 것이다.

마음속에 언제나 품고 있는 큰뜻을 이루기 위해서라면, 현재는 어떠한 고난이라도 참고 견디지 않으면 안 된다.

모양새가 나쁘다는 것은 - 실은 그것이 남이 눈치채지 못하는 좋은 조건인 것이다.

말레이시아인에게는 말레이시아계, 인도계, 중국계가 있으나, 경제 활동면에서는 중국계가 뛰어나다.

그들은 근면하며 생활력이 강하여 무엇이든지 부딪쳐 본다. 모양새가 나쁘다는 것 등을 전혀 문제시하지 않는다.

담배의 개비 판매나 엿장수라도 시작한다. 조금만 벌어도 리어카에 잡화를 싣고 끈다. 그리고 룰렛의 팽이를 놓아두고는, 다른 물건을 사러 온 고객들의 시선을 끌어 그것을 돌리게 하여 맞히면 껌 1개를 주고 맞히지 못한 경우에는 깨끗이 단념하고 돌아가게 한다. 그것을 고안한 것도 중국계이다.

일본 같으면 필경 자금이 어떻다는 둥 하며 고민하겠지만 그런 소리를 하고 있는 동안에 화교는 리어카에서 돈을 모아 뒷골목에 조그마한 상점을 하나 내어버린다.

무언가 하려고 하는 기력(氣力)이 있을 때 전진하지 않으면 기백이 사라져 버린다.

그러면 우리나라에서는 무엇을 하면 좋을까? 그것은 당신의 환경, 능력의 유무에 따라 각양 각색이겠지만 자기 주위를 돌아보면 무언가가 반드시 있을 것이다.

그러나 역시 '모양새가 좋지 않은 것'부터 찾는 편이 결과적으로 좋아지는 것이 아닌가 생각된다.

도산, 실업으로 불안에 떠는 사람이 속출하는 무서운 세상이지만 뭔가 하나 시작하기 위해서 진지한 태도로 돌진해 봐야 할 것이다.

그렇게 하면 반드시 당신 앞에 무언가가 나타날 것이며, 다시 한번 사회의 실상을 들여다보게도 되는 것이다. 그것이 바로 일석이조라는 것이다. 모양새가 나쁜 것부터 시작하여 그것을 극복하고 성공을 이룩한 인간은 남에게 동정심을 가지며, 또한 절대 전락하지 않는다. 저력이 붙어 있기 때문에 그것은 진짜가 된다는 것이다.

태국 지방 도시의 조그만 상점부터 시작하려고 생각하고 있었다.

그러던 어느 날 1등 9백만 엔의 복권에 당첨되었다. 그는 일을 그만두고 세컨드를 만들어 거느리고 도시로 나갔다.

그리고 또 다른 첩을 두었다. 그러던 그는 반년 동안에 돈을 거의 다 써버리고는 혼자 고향으로 되돌아왔다.

모양새가 좋지 않은 장사부터라도 해서 착실하게 커 가려는 화교와, 생각지도 않은 거금을 손에 쥐는 순간에 간이 커져서 무의미하게 돈을 마구 써버린 태국 청년이 있다.

과연 당신은 어느 편인가?

27

점포가 없더라도 점포를 내어라

요코하마 야마데정의 스낵 'W'의 주인은 일본 사람인데 화교들에게 둘러싸여 있었다. 또한 부인이 화교였으므로 화교 상법을 채택하고 있었다.

스낵은 3층 건물인데 모퉁이에 있었다. 이 가게의 앞쪽은 날이 밝으면 택시의 집합 장소가 되었다.

그것에 착안하여 점포 한쪽 구석에서 라면을 싸게 팔기 시작했다. 심야족이나 운전사들을 겨냥했던 것인데, 다른 손님들이 술을 마시고 있는데 라면만으로 손님을 끌어들이기는 어려웠다. 라면을 먹으러 일부러 스낵에 들어가는 손님이 드물기 때문이었다.

그래서 라면을 만드는 조리장의 뒤쪽 벽에다 큰 구멍을 뚫을 것을 생각해냈다. 바깥은 곧바로 도로이다. 구멍 아래에 간단하게 받침대를 만들어 바깥에서 목을 쑥 내밀도록 하였더니 노점상과 같은 식이 되었다. 그 생각이 들어맞은 것입니다. 한개한개의 매상은 근소하지만 숫자가 많아서 팽이처럼 돌아가고 있었다.

무슨 일이든지 실행해 보지 않고는 모른다.

점포의 한 구석을 터서 다른 상품을 파는 것은 화교들이 잘 쓰는 수법인데 물어 보았더니 '차선책'이란 것이었으며, 따로 새 점포를 낼 수 없을 때 즉 '할 수 없을 때'의 전법으로서는 강력한 것이다.

훌륭한 스낵의 벽을 뚫어서 노점상과 같은 장사를 한다는 건, 일본 사람으로서는 생각하기 힘든 일이다. 다른 상품이 팔릴 것 같은데 자리가 없기 때문에 '할 수 없지' 하고 깨끗이 단념하지 않는 것이 화교들의 박력인 것이다.

자기 점포의 한 구석을 헐어 구멍을 내는 것 정도는 예사였다.

요코하마에서 중국 과자의 제조 및 도매를 하고 있는 F씨는 소매도 했으면 하는데 장소가 없었다.

자기가 있는 곳은 뒷골목으로 소매점으로는 부적당하였다. 그래서 알고 지내는 큰길에 있는 중화 요리점의 주인과 의논하여 그곳 윈도우 처마끝 밑에 과자를 놓고 팔 수 있게 해 달라고 했다. 마침 자기 부인이 아무 장사도 하지 않고 가사만을 돌보고 있었으므로 처마 밑 점포를 지키도록 하였다. 지킨다고 하더라도 하루 종일 윈도우 앞에 왔다갔다하면서 서 있는 것이 고작이었다.

점포가 없더라도 점포를 내라 – 가령, 상품을 서서 팔더라도 마음에 거슬리지 않는 끈기가 언젠가는 큰 점포를 만들어내는 것이다.

그 이야기에는 또 덧붙일 것이 있다. 큰 고생이겠지 하고 가끔 들러 보았더니 언제부터인지 또 한 사람의 소녀가 그녀 옆에 나란히 서 있었다. 물어 보았더니 과자 1 상자 당 그 요리점에 사례금을 주도록 계약이 되어 있어 요리점의 소녀가 팔린 상자 수를 확인하기 위해 서 있다는 것이었다.

그 소녀도 최근에 홍콩에서 불러들였다고 하는데 중화 요리점의 주인 아주머니는 두 여자가 서 있게 되면 점포의 경기 부양에도 도움이 되고 그 아이의 공부도 되는 것이므로 천연덕스럽게 일석삼조라고 말하고 있었다.

그와 같은 장사라도 무엇이든지 합리적으로 나눠 가질 수 있는 것이 화교만이 할 수 있는 것이다.

이웃 점포와 같은 장사를 하라

이웃집이나 맞은편 집이라도 그 집의 장사가 잘된다고 생각되면 사양하지 말고 그것을 본떠야 하는 것이다.

전쟁이 끝난 직후에 요코하마의 중국인 거리에서는 집집마다 구두가게가 되었던 적도 있으며, 즐비하게 양복점으로 돌변한 시기도 있었다.

일본 사람 같으면 필경,

"나에게 아무런 상의도 없이 같은 상품을 팔다니 심하지 않은가?"

하면서 서로 치고받을 것이다.

그러나 화교는 다르다. 그런 것에 매달리다 보면 돈벌이가 안 된다고 할 수도 있겠지만 자기 자본으로 자기 점포에서 자기 장사하는 데 관계하지 않는다고 분명히 말하는 것이다.

그만큼 자기의 장사에 자신이 있다고도 할 수 있는 것이다. 그 뿐만 아니라 이웃에 개업 축하도 해 준다.

중년 화교에게 물어 보았더니,

"이웃집과 우리 집은 손님의 계층이 다를 뿐 아니라 판매하는 방식도 다르다. 그러므로 이웃에게 지지 않게 물건을 훨씬 싸게 수입하여 판다."
라고 대답한다.

다만 화교는 동족, 친척, 친구들이 가까이에서 개업할 경우에는 엇비슷하기는 하지만 어딘가 다른 상품을 판다.

더구나 두 집이 나란히 있어도 되겠다고 생각한다면 지점이나 분점으로 하여 같은 상품을 파는 것을 당연한 일로 생각한다.

남의 장사를 인정한다는 점에서는 철저하며 땅콩 장사, 거리의 구두닦이에서 호화 대반점의 경영에 이르기까지,

"물건 또는 서비스를 팔아서 돈벌이를 하고 있는 점에서는 같은 차원이다."
라는 사고방식을 갖고 있다. 실로 장사에는 귀천이 없다는 것이 그들의 몸에 배어 있는 것이다.

홍콩에서는 걸식을 하더라도 그냥 머리만 숙이고 있는 것은 아니다. 개와 더불어 재주를 피우거나 거리 악단처럼 밴드를 사용해서 노래를 부르거나 한다.

그리고 적선을 해준 사람과 그렇지 않은 사람과의 차이를 두기 위해 돈을 희사해 준 사람에게는,

"여기에 모시겠습니다."
하면서 맨 앞으로 인도하여 어디에서인가 빈 맥주 상자를 가지고 와서 앉게 한다.

초등학교 앞의 구걸하는 아이들 무리는 어떤가 하면 카페리의 승선장 같은 곳에 대기하고 있다가 택시가 오면 소리를 지르며 달려들어 손님 쪽 도어를 싹 열어제친다. 그리고는 손을

내밀어 팁을 요구한다. 너무 귀찮아서 염증을 내면서 모른 척해도 관동어로서 계속 지껄이며 달라붙어 끝내 돈을 얻어간다.

물론 택시 운전사는 아무 말도 하지 않는다. 남의 장사를 인정하고 있는 것이다.

무엇을 할 것인가는 본인 마음이며, 같은 장사를 나란히 하건 그런 데는 전혀 신경을 쓰지 않는다.

29

모든 공간을 매장으로 충당하라

폐점 후, 급한 용무가 있어서 화교인 점포 주인을 깨운 적이 있다.

겨우 눈을 뜬 것 같은 모습으로 문을 열어 주었다. 안에 들어가 보고 놀랐다. 개점시에 사용하는 손님용 테이블을 모조리 모아서 그 위에 침구를 깔고 온 가족이 자고 있는 것이었다.

아직 조그만 점포로서 집 전부를 점포로 사용하고 있었기 때문에 그렇게 된 것이다. 가족들을 위한 침실이나 휴게실 같은 것은 애당초부터 고려하지 않았던 것이다.

목표를 어디에다 두느냐에 따라서 그것이 결정된다.

빨리 현재의 단계에서 도약하기 위해서는 조금씩 저축하는 것으로는 따라갈 수가 없다. 아주 빠른 속도로 목표를 달성하기 위해서는 가급적 자신들의 공간을 줄이고 손님용 공간을 넓혀서 장사의 매출을 올려야 한다.

화교는 일단 목표를 정하면 웬만한 일로서 타협하지 않는다. 자기 자신에게 그러한 훈련을 쌓아오고 있는 것이다.

그에 비하면 아직 목표에 도달하지도 못했는데 어느 정도 수준에 도달하게 되면 갑자기 나사가 풀어져서 일을 중도에서 중지해 버리는 우리나라 사람들과는 근본적으로 다르다.

그렇게 되면 스스로의 장사에도 경쟁에도 뒤떨어질 뿐이다. 최후까지 도달하지 않으면 아무것도 되지 않는다. '99 퍼센트를 달성했다면 반쯤 이룩했다고 생각하라.'는 가르침이 옳은 것이다.

침실이 없는 단계에서 약간 향상하더라도 화교는 느슨해지지 않는다. 2층에 조그만 다락방을 만들면 아주 괜찮은 정도이다.

'쾌적한 생활' 같은 것은 영업의 대약진을 달성한 후에 호화로운 저택이라도 지어놓고 나서 천천히 맛본다는 것이 보편적인 화교들의 사고 방식인 것이다.

화장실 같은 곳도 두터운 오버코트를 입으면 들어갈 수 없을 정도로 비좁다.

상품을 제일로서, 사람보다도 상품 쪽에 신경을 집중한다. 손님들도 상품을 보고 오는 것이지 좋은 화장실에 들어가기 위해 오는 것이 아니기 때문에 잔소리를 하지 않는다.

어느 상점에서처럼 점포의 설비나 종업원들의 매너가 아무리 좋아도 사려는 물건이 나쁘고 비싸면 무슨 쓸모가 있겠는가?

점포의 테이블 위에서 기거하며 식사도 점포에서 취하고 있는 생활은 싫어도 연대감이 솟아나고 하루 온종일 손님을 보고 있게 되므로 장사의 진수를 빨리 터득한다.

특히 아이들은 문지기뿐만 아니라 장사의 진국 속에서 커 가는 것이다. 그러므로 상법이 전신에 배어들게 되는 것도 무리가 아니다.

그 생활의 부자유함이 또한,

"빨리 점포를 크게 하여 모두를 편하게 하자."

하는 의욕이 솟아나므로 부모 몰래 놀러 다니거나 점포의 돈을 몰래 훔쳐 쓰거나 하는 것 등은 생각할 수도 없는 일이다.

싫어도 상법이 몸에 스며들게 하는 생활 양식인 것이다.

30

오늘 놓친 손님은 두 번 다시 오지 않는다고 생각하라

싱가포르 항공의 동경 지사 예약 과장인 진중형(陳仲衡) 씨는 중국 복건성 출신으로 그의 나이 27세 때의 이야기인데 그가 인정을 받게 된 것은 23, 24세 때였다고 한다.

자기 일을 될 수 있는 대로 빨리 끝내고, 끝나면 한가로운 얼굴을 하며 담배를 피운다. 그런 일이 자주 있었기 때문에 간부가 어떻게 된 거냐고 묻자,

"실은 일이 모두 끝났기 때문에 새로운 기획을 생각하고 있는 것입니다. 그리고 이런저런 일들은 이런 방법으로 하면 실로 간단할 것 같습니다."

하고 자기의 생각을 진언하는 식이었으므로 회사 내에서는 아이디어맨, 스피드한 비즈니스맨으로 평가되었다.

회사 같은 데서는 자기 일이 끝났는데도 불구하고 다른 사람이 펜대를 쥐고 있으니까 그냥 되지도 않은 일로 시간을 보내고 있는 사람이 많은데 그것만큼 바보 같은 행동이 있을까?

'보이기 위한 일은 하지 않는다.' 그런 생각이 중요하다.

'오늘의 학습은 오늘 중에 마쳐야 하며, 내일은 또 새로운 일이 있다.'

라는 문구가 머리에 새겨져 오늘 할 수 있는 일을 내일로 미루는 일이 거의 없었다고 한다. 그러나 잘 풀리지 않을 때는 어떻게 하면 그 날 중에 마칠 수 있는가를 연구했을 뿐이라고 한다.

오늘의 일은 오늘 중에 끝낸다. ─ 그것은 화교들이 일반적으로 말할 수 있는 것으로서 태국 최대의 백화점을 소유하고 있는 화교로 60세를 넘긴 지금에도 1일 10시간에서 12시간 일하고 있으나, 젊을 때는 매일 18시간이나 일했다고 한다. '오늘의 일은 오늘 중에'라는 신조를 지키기만 하면 그와 같이 될 수 있는 것이다.

요코하마 야마시타정의 중국 학원 거리에 '무엇이든지 있는 집(만물상 같은 것)'식의 잡화상 'H'가 있었다. 그곳 S씨 부부는,

"1년 내내 하루도 쉬지 않습니다. 매일 밤 9시 반에 문을 닫는다고는 하나 그때는 손님이 오기 때문에 어차피 10시가 넘어야 합니다."

라며 집으로 갈 준비를 하면서 안쪽에서 자물쇠를 가지고 와서 문을 잠그고 있었다.

'볼일이 있는 사람은 전화로'라고 쓴 옆에 전화 번호가 적혀 있었다.

"아직도 시간이 모자라요. 이렇게 해 두지 않으면 오늘의 중요한 손님을 놓치게 되요. 전화를 기꺼이 기다리겠습니다."

라고 한다. 만약을 위해 아침에는 몇 시에 개점하느냐고 물어보았더니,

"아침 9시에 엽니다. 그 전에는 다른 볼일이 있으니까요. 마누라는 7시에 일어나 식사 준비를 합니다. 뻔한 일이죠."

31

충고해 주는 사람은 스승이라 생각하라

부자가 되는 길을 어느 말레이시아에서 성공한 화교에게 물어 보았더니,

"성공을 방해하는 것은 게으름피우는 것과 떠드는 것이다." 라고 즉석에서 말했다. 남의 이야기를 잘 듣지 않으면 안 된다. 첫째 자기가 떠들고 있으면 남의 충고 같은 것을 들을 수 있는 여지가 없게 된다.

"여성의 이야기가 재미없는 경우가 많은 것은 예외없이 자기 중심적인 것만을 화제로 삼기 때문이다."

말 많은 사람은 무슨 일이 있으면 황급히 떠들지 않고는 못 견디는 것 같다. 어떤 아이디어가 하나의 형태로 마무리될 때까지 꾹 참고 견디는 '자신의 시간'을 갖지 않는다.

왕지열(王之烈) 씨는 하북성 속록현 출신으로 중국 본토에서 해군 중장까지 역임했다. 더구나 전쟁 중 일본에 협력한 왕조명(汪兆銘) 진영에 속해서 강방함대(江防艦隊)의 제 3함장이나 제일 대사관부 무관도 역임했다.

108

그 때문에 전쟁이 끝난 후에는 일본에서 본국으로 송환되어 몇 년인가 형을 살지 않으면 안 되었다.

일본에 남아 있는 처와 아들 상룡(翔龍)씨는(당시 동경 대학 공대 학생) 동경 신바시의 암시장 한구석에다 대아루(大雅樓)라는 상호의 점포를 냈다. 하지만 중화 요리점의 경험도 없고 물자 부족의 혼란기였으나, '아버지의 옛 부하, 동료, 대사관 근무시에 교제가 있었던 일본을 비롯한 각국 사람들이 물심양면으로 후원과 어드바이스를 해 주었다.'고 한다.

그러는 동안에 형기를 마친 왕씨가 일본으로 돌아왔다. 그리고 영주할 결심을 굳혔다.

전 외교관인 오카사키 가쓰오 씨와도 교우 관계가 있었던 왕씨는 식도락이기도 하고 더욱 우아한 맛이 있는 점포를 하면서 다무라 4번가로 옮겨 점포명도 '북경반점'으로 바꾸었다.

간판은 서예가에게 의뢰함과 동시에 관계자들을 차례차례로 만나서,

"무언가 특징 있는 간판을 내고 싶은데……."

하고 상의했다.

자기는 필요한 말 이외는 삼가하고 모두 상대편 말을 경청했다. 그 결과 마음먹고 <전압(塡鴨)>이라 결정했다. 그것은 북경 고압자(北京烤鴨子−오리의 코스 요리) 또는 페킹닥크라는 이름으로 알려져 있는 북경 요리의 대표적인 것이었다.

그런데 결정해 놓은 요리를 구할 수가 없었다. 북경산(北京産)이 들어올 리가 없었다. 또 다시 상의하여 겨우 지바현에서 비슷한 것을 발견했으나 생선 비린내가 났다.

방향을 전환하여 관서(關西)의 간압(間鴨−청둥오리와 집오리

의 잡종)을 찾아냈다. 그것도 아는 사람으로부터 힌트를 얻었던 것이다.

오사카까지 기차로 구입하러 가서 혼자서 20마리 정도 가지고 돌아왔다.

그 이후 페킹닥크를 특징으로 로쿠혼보쿠(六本木), 신주쿠, 이세(伊勢), 센다이, 후지사카 회관(藤崎會館), 요코하마 중국인 거리에 같은 이름의 점포를 가지고 성업중이다.

현재에도 페킹닥크를 그곳처럼 곧바로 내놓을 수 있는 중화요리점이 흔하지 않다.

될 수 있는 집이 있더라도 1일~7일 전에 주문을 하고 기다려야 할 정도이다.

32

가령 없는 것이라도 없다고 하지 말라

미국의 어느 백화점에 노부인이 장갑을 사러 왔다. 한 여점원
이 응대하고 있었으나, 아무래도 마음에 드는 물건이 없다는 듯
아무것도 사지 않고 돌아가려 했다.

그때 그 틈을 놓칠세라 안에서 베테랑인 점원이 나와서 그
를 불러들이며, 손님이 주문하는 것을 처음부터 다시 물었다.
그 결과 노부인은 장갑을 두 개나 사 사지고 기쁜 듯이 되돌
아갔다.

"한 개만 사려고 왔었는데 끝내 두 개를 사게 되었어. 너무
응대가 능숙하기 때문에……."

그 베테랑 점원으로 보인 사람은 실은 이 백화점의 주인이라
는 차분함도 있었겠지만, 화교에게 그런 말을 하면 대개 이렇게
말하면서 크게 웃을 것이다.

"농담이 아니야. 나 같으면 그 외에 모자와 스카프까지 합해
서 사 가도록 만들었을 거야."

조그만 중국 요리점에서 점원에게 닭찜을 주문했더니 안쪽에

서 주인이 나오더니,

"선생님, 맛있는 돼지고기, 특별히 부드러운 돼지고기가 있어
요."

하고 권했다. 몇 번씩이나 권하므로 '오늘의 스페셜이겠지' 생각
하고 닭은 그만두고 돼지 요리로 바꾸었다.

나중에 알아보았더니 다른 이유는 없고 닭찜은 품절이었던
것이다.

우리나라의 경우 그런 상황이 되면 어떻게 했을까? 분명 주
문을 받았던 점원이 되돌아와서,

"닭찜은 지금 안 됩니다."

하고 아무런 애교도 없이 말했을 것이다.

"그럼 다음에 올게요."

하고 손님이 점포를 나서는 일도 있을 것이다.

어쨌든 일단 들어온 손님을 놓친다는 것은 장사하는 집의 수
치인 것이다. 윈도우에 눈이 팔려 들어온 사람일지라도, 잘못
들어온 사람일지라도, 길을 물으러 온 사람일지라도 손님으로
만들어 버리는 기술이 있어야 하는 것이다.

그다지 손님이 붐비지 않는 점포에서 짬을 이용해서 점원이
편물을 하고 있거나, 만화책을 보고 있거나, 점원들과 크게 웃
고 있는 경우가 적지 않다.

문을 연다. 들어온다. 시선이 마주친다. ― 그 순간이 승부인
것이다.

거기서 타이밍이 벗어나면 손님은 싫은 느낌을 가지면서 되
돌아가 버리게 되는 것이다.

언제 들어올는지 모르는 손님에 대비하여 끊임없이 시선이

맞닿아서 이길 수 있는 순간을 기다리는 마음가짐이 중요한 것이다. 아래를 내려보면서 일 외의 다른 행동을 해서는 안 된다.

인간에게는 직전의 행동에 여운이 남는 것이다. 만화를 보고 있던 상대편에게서 어떻게 보석 같은 걸 구입할 기분이 들겠는가?

또 최근에는 어떤 물건만을 한정해서 사러 간다는 것보다는 막연하게,

"무언가 좋은 것이 있으면 구입해야겠구나."

하는 기분으로 나선다.

쇼핑을 즐긴다는 풍조가 일고 있다. 그런 사람들이야말로 가장 좋은 손님이 되는 것이다.

기분 내키는 대로 주문하여 다만 '없습니다' 하여 그냥 돌아가게 하는 것은 너무나 어리석은 행동이다.

'기양헌(崎陽軒)'의 만두는 왜 히트했는가?

　일본의 유명한 배우와 홍콩 스타와의 합작 영화를 촬영했을 때의 이야기이다. 홍콩 로케이션에서 점심 시간이 되었다. 주문한 요리가 올 때가 되었는데도 어찌된 일인지 일본인용이 먼저 왔다. 중국인용은 좀처럼 오질 않았다.

　덥석덥석 집어먹고 있는 일본인 측에서 보니 홍콩의 남녀 배우들은 고개를 숙이고 있어서 어쩐지 처량해 보였다. 그래서 제일 가까이에 있는 홍콩 여배우에게,

　"당신들 것이 올 때까지 이것을 같이 드는 게 어때요?"

하고 김으로 말은 주먹밥을 내밀었다.

　여배우는 더러운 것을 보는 듯 강하게 머리를 저었다.

　그 후 한참 있다가 그들의 점심이 도착된 것을 보았더니 따뜻하게 삶은 돼지 다리와 채소 등이었다.

　중국인들은 차가운 것을 먹지 않는다. 옛날부터 찬밥은 걸인이나 죄수들에게만 먹인다고 했다.

　그것을 모르고 내밀었던 주먹밥이 냉대를 받았던 것은 당연

한 것이다.

"그런 것을 먹으면 출세할 수 없어요."

라고 생각하고 있었는지도 모른다.

식사는 일할 수 있는 에너지를 만들어내기 때문에 돈이 있건 없건, 화교들은 그 중에서 최고의 것을 섭취하도록 한다.(자기가 만들어서도 좋다.)

식사는 천천히, 농담도 하며 즐기는 것을 신조로 삼고 있다.

예를 들면 점포에서는 '식사중' 이라는 팻말을 내걸고 모두가 떠들썩하게 시작한다. 그 동안 손님이 오더라도 기다리게 하는 것이 예사이다. 손님 쪽에서도 그러려니 하고 이해한다.

요코하마 역에서 팔고 있는 만두는 명물로 이름나 있다.

그 만두를 만드는 방법을 개발한 것은 1976년 7월 89세에 고인이 된 오우손(吳遇孫)씨였던 것이다.

광동성 고명현에서 태어나 관동에서 점심 만드는 수업을 마친 후 70여 년 전에 도일하여 우선 동경에서 일했으며, 이어서 요코하마의 중화 요리점에서 요리사를 하고 있던 중 스카웃 되었다.

"식어도 맛있게 먹을 수 있는 만두를 만들어 보세요."

하고 전 사장이던 나가노 씨가 일본인 경영자다운 주문을 했다.

도시락의 반찬도 되고 술안주도 될 수 있다. 물론 중국에서는 식은 만두를 먹는 일은 없다.

오씨는 연구실에서 여러 가지 재료와 양을 바꾸어 보았으나 실패했다. 그러나 좌절하지 않고 계속 시도하였다. 그래서 1년쯤 걸려 '식어도 맛이 있다.'는 만두가 완성되었다. 돼지고기와 조개관자를 합쳐 익혔더니 이제까지는 맛볼 수 없었던 음식물이 되었던 것이다.

34

적자(赤子)를 겁내지 말라

요코하마의 중국인 거리에 있는 중화 요리점 '봉성주가(鳳城酒家)'를 경영하는 마위홍(馬偉鴻) 씨는 광동성 출신으로 장사에 대해서는 매우 완고하였다.

남의 충고나 마누라의 울음 섞인 하소연조차 듣지 않았다.

마씨의 가업은 원래 한약방이었다. 현재의 요리점을 개업하려고 할 때 친척, 친구, 이웃 사람들이 입을 모아 말했다.

"장소가 좋지 않아요. 그리고 주위에 모두가 중화 요리점이에요. 이래가지고는 1년도 못 가요."

그러나 완고하게 자기가 결정한 길을 나아가는 것이 마씨의 고집이다. 그리하여 마씨는 점심(과자나 교자, 만두와 같이 중국차와 함께 오후 간식으로 하는 것)을 중심으로 시작하였다.

홍콩에서 유행하고 있는 음차방식(飮茶方式)을 특징으로 하며 앞쪽 윈도우에 견본을 내놓은 것을 치우고 품위를 유지한다는 것이었다.

그런데 그 두 가지만 하더라도,

116

"바로 최근에 점심을 중심적으로 한 점포가 두 집이나 실패했다. 그리고 견본에 값을 알려 주는 편이 손님도 안심하고 들어올 것이다."

하며 모두들 반대했다. 특히 견본에 대해서는 부인까지도 완강히 반대했다.

마씨는 자신의 부인을 달래면서 말했다.

"처음 1년이나 2년은 적자를 각오해야 하오. 처음부터 흑자가 되는 것은 3류 점포뿐일 거요. 여기서 적자가 생긴다 하더라도 서비스나 분위기가 좋다는 것을 손님이 인정해 준다면 그 사람들은 품위 있는 손님들로서 단골이 되어 줄 것이오. 그렇게 되면 적자가 차차 흑자로 전환될 테니까 그때까지 참고 견디어 봅시다."

사실 1년 반 동안 적자가 계속되었다.

"예상대로의 적자예요. 기뻐하세요, 여보."

하고 못마땅하게 생각하는 마누라에게 웃음띤 얼굴을 보이며,

"좋아, 나의 생각이 딱 맞았다는 것은 손님도 예상한 대로 조용한 분위기가 마음에 들어서 비싸더라도 주문하는 고상한 단골 손님이 찾아온다는 결과인 것이오."

하고 말했다.

1년 반쯤 지난 후부터 손님이 날로 늘어나 얼마 지나 흑자로 전화되었으며, 이후에 계속 호조를 지속했다.

요리사들까지도,

"주인장 이 방법은 좋지 않아요."

하고 모두가 겁내고 있던 경영 방침으로 멋있게 새로운 분야를 개척한 것이다.

현재 음차방식(광동식 스낵)은 홍콩 등에서 먹어 본 적이 있는 일본인 손님들에게까지 인기가 있다. 죽제(竹製) 시루도 홍콩에서 가져왔으며, 일전에는 부인이 예비 비치용을 사기 위해 홍콩에까지 갈 정도였던 것이다.

마씨는 단순한 고집쟁이는 아니었다. 적자까지도 계산에 넣었던 원대한 용기 있는 계획은 결국 승리한 것이다. 그러나 최근에는 새로운 이미지 변신을 생각하고 있다고 한다.

좋은 일은 오래 지속되지 않는다고 각오하라

몇 년 전에 비행기 사고로 고인이 된 말레이시아의 화교 육운도(陸運燾)씨는.

"돈은 대 주더라도 참견은 하지 않는다."

라는 좌우명을 갖고 있는 사업가로서 사람을 쓰는 데 묘법을 가지고 있었다.

호텔, 무역, 부동산에서 영화 제작, 수입, 흥행에 이르기까지 말레이시아, 싱가포르를 비롯하여 동남아시아를 중심으로 활약하였다. 일본에서도 영화계의 공로를 인정하여 공로자로서 서훈한 적도 있다.

육씨의 인생관은.

"하나의 장사에는 반드시 내리막이란 것이 있다."

라고 생각하고 그것을 관찰하여 타이밍 좋게 철수하고, 그 힘으로 이번에는 새로운 부문에 진출한다. 일이 균형 있게 진행되면 위험 분산의 '보험'도 될 수 있다는 것이다.

홍콩의 싱가포르 화교 중에서도 국제적인 시각을 갖는 것이 특징이며, 행동 범위도 또한 국제적이다. 가령 홍콩에 본거지를 두었다 하더라도 사실은 그것만이 아니다.

각국, 각처에 다른 부문의 장사에 손을 뻗치고 있거나 투자하고 있다. 자기 혼자만의 점포도 있고 공동 출자한 케이스도 있다.

봉제 공장, 수송기 수리 공장, 정미소, 음식점 같은 것에 동일 인물이 관계를 갖는 것도.

"한 곳에 있어서 좋은 경우와 그렇지 않은 경우가 있다."
하고 여느 때부터 각오를 하고 있기 때문이다.

캐나다에 이민을 가기 위해서는 우선 일본에 건너가 무언가 기술을 배워서 가야 한다는 삼각 이민의 방법을 취하는 사람이 요즘 많이 있다. 캐나다는 기술이 없으면 이민을 받아 주지 않기 때문이다.

일본에서 치과의를 개업하고 있던 화교가 갑자기 미국의 로스앤젤레스에 건너가, 거기서 호텔을 경영하여 크게 히트했다.

물어 보았더니,

"처음부터 그것이 목표였다. 자금을 만들기 위해 우선 일본에서 치과 의사가 되었던 것뿐이다."

그렇게 말하면 한가로운 것 같으나 화교들이 시류(時流)를 보는 눈은 날카로우며, 항상 멀리 앞을 내다보고 있는 것이다.

요코하마에 있는 화교를 대상으로 한 신용 조합 요코하마 중국 은행 전 이사장 고곤강(高坤彊) 씨의 대출시의 결재, 회수에 있어서의 정확한 판단과 통찰력은 높이 평가되고 있었다.

사람들은 자기 일과 자기 조합에 관해서는 될 수 있는 대로 좋게 생각하기 마련이나 고씨는,

"좋은 일만 계속되지 않는다."

라고 쉬운 판단을 내리지 않기 때문에 화려한 교제나 호화로운 풍습도 좋아하지 않는다.

　대만 출신으로 중앙대학을 졸업, 2차 대전 전에는 동경시 재무국 경리과를 시작으로 8 년 간의 공무원 생활을 경험, 차별 등으로 고생한 것도 '대출 착오가 발생하지 않게 하기 위한'바탕의 하나이다.

36

때로는 원가로 팔아라

30세를 넘은 화교인 수위가 일하면서 틈틈이 기숙생들에게 맥주를 팔고 있었다. 어느 중소 공장이었는데 그 맥주 값이 너무나 싸서 잘 알아보았더니 원가로 팔고 있었다는 것이다.

그 맥주를 가끔 마시고 있던 일본 사람이,

"아주 싼 구입처라도 알고 있는 겁니까?"

하며 물었더니,

"아니오. 원가로 팔고 있을 뿐이오."

그런데 놀랍게도 그는 맥주의 상자를 팔고 있었던 것이다.

당시는 물자가 모자라는 때였으므로 상자 그것이 상당히 귀중하게 여겨지고 있었다.

그 상자 값만으로도 이익금의 상당 부분을 차지했던 것이다.

"뭐라고! 맥주 상자를 팔아서 번다는 건 대단한 것이 아니지 않나. 일하는 것만큼 손해보는 것이다."

하며 비웃는 사람도 있었지만, '티끌 모아 태산'이라는 속담도 있는 것처럼 조그만 벌이라도 웃어넘길 수 없는 것이다.

그리고 진실하게 판다는 점에서 도매상이 신용해 준 것이 무형의 재산이라는 것도 당연히 그의 계산에 들어 있는 것이다.

이익이란 눈에 보이는 돈 뿐만은 아니다.

그런 이야기는 어느 특정한 사람들의 에피소드가 아니다. 사실 여기저기에 매우 흡사한 이야기가 화교들 사이에 있다는 것은, 그것이 보편적인 화교 상법의 발상인 것이다.

옛날 남양 등에서 백인 기업가를 상대로 토목 건설 사업을 입찰할 때에 화교는 터무니없이 싼값으로 입찰하여 라이벌을 떨어뜨려 버렸다. 처음부터 토목 사업의 청부 그 자체로서 이익을 보려는 게 아니었던 것이다.

목적은 사업을 위하여 모여드는 노동자들에게 있는 것이다. 입주하여 아무런 즐거움 없는 생활을 강요당하는 노동자를 손님으로 삼고 장사를 하는 것이다.

격심한 육체 노동 후에 철학 책을 읽거나 클래식 음악을 듣는 사람은 없다. 역시 경쾌한 음악과 도박이 최상의 즐거움이 되는 것이다.

거기서 화교는 현장의 노동자를 위주로 질보다는 양을, 자극이 강한 음식물을 제공하는 한편 도박장을 열고, 잃은 사람들을 위해서는 전당포, 고리대금을 점차적으로 행동으로 옮겨갔다.

사업의 이익은 나중으로 돌리고 거기서 노동자에게 지불하는 임금은 그 장소에서 거의 전부를 써 버리게 했다. 빚이 있으면 계속 다음 현장에서 일을 해 주게 된다. 그것은 웃을 수 없는 이익으로 되는 것이다.

그런 이야기는 중국인의 생각의 뿌리 밑바닥에 있는 '이익은 맥주의 상자뿐'이라는 식을 응용하여 성공한 예인 것이다.

37

한 가지 사업에만 빠지지 말아라

대대로 내려온 조상의 간판을 지키며 한 가지 업종에만 전념할 수 있는 환경에 있는 사람은 다행이다.

그러나 무일푼에서 시작하려고 하는 사람은 그런 소리를 하고 있을 수만은 없다. 유리한 조건이고 장래성이 있는 것이라면 재빠르게 덤벼들어야 할 것이다.

K씨는 현재 동경의 메이지 신궁의 가까운 곳에 수억 엔 짜리 노천 체조장이 딸린 저택에 살고 있다. 그는 원래 만주의 유학생이었으나 전후에 어느 출판사의 권리를 바탕으로 경제적인 기초를 만들자마자 곧바로 택시업계에서 지위를 굳혔다. 이어서 기회를 노려 사탕업계에 뛰어들었다.

그와 같이 찬스를 보아 다른 직종에 전환한다는 것은 화교의 보편적이 패턴이다.

그 뛰어난 영감과 좋은 배짱이 본능적이라고 할 수 있는 것이다. 사기(史記)에서 말하는,

"성공하거든 머지않아 다른 업종을 겨냥하라."

124

하는 것을 실천했다고 할 수 있다.

예를 들면, 중화 학교의 교사 자격증을 취득하여 전후에 홍콩에서 도일(渡日)했다면 한참 동안 교사로서 근무한 다음에 화교 총회나 향토의 회관에 적을 두었는가 했더니 식료품과 과자 제조업이나 조그만 장사를 하고 있었다. 그것이 약국으로 바뀌어서 다방, 중화요리점으로 전진해 갔다. 때로는 병설하거나 떼어놓거나 하면서 점포 그 자체를 차차 확장시켜 분점, 지점을 냈다.

그와 동시에 얻은 이익금으로 토지를 사 모으는 코스를 밟는다.

물론 아무런 고생없이 일이 그렇게 순조롭게 진행될 리는 없는 것이다. 다른 직종으로 전환하려고 생각했다면 오래 전부터 두고두고 정보를 모아, 그 계통의 사람들과 연고를 맺어두는 것을 잊지 않는다.

그러기 위해서 약간 우회를 하더라도 장기적으로 진행한다. 그 때 한번 맺은 연고는 도중에서 잘못하는 일이 있더라도 외면하지 않는다. 그것을 피하기 위해서도 침착하게 시간을 두고 업계의 정세를 살핀 다음 일을 일으키는 것이다.

최근에 대 유행처럼 탈 샐러리맨이나 전업 등으로 떠들썩하여 마치 일세일대(一世一代)의 대승부와 같은 느낌마저 들었다. 그러나 틀림없이 승산이 있다고 확인한 다음에의 전환 같으면 그런 떠들썩한 일은 전혀 상관없는 것이다.

보다 조건이 좋은 쪽으로 전환해 간다는 것은 지극히 당연한 일이기 때문이다.

화교는 모든 것을 집어던지고 전업하는 것이 아니다. 집안 사람을 동원하거나 고향에서 연고 있는 사람을 부르거나 하여 이제까지의 성(城)을 맡겨 놓고 홀가분하게 신개척지로 출발해 가는 것이다. 과연 당신에게는 마음놓고 맡길 수 있는 후계자는 있는가? 전업을 겁내서는 안 된다. 동시에 지금까지 쌓아올린 것도 간단히 내버려서는 안 되는 것이다.

38

흑자일 때 장사를 바꿀 생각을 하라

변신이 빠른 것과 전환하여 신규 사업을 일으키는 기술은 화교의 독무대이다.

영화관 경영에 있어서도 영화가 안 되니까, 핑크 영화 전문관으로 바꾸는 등 대단한 것이었다.

"우리 관(館)의 이미지가 아닙니다."

하며 콧대 높게 굴다가 한 수씩 늦어져 드디어는 적자로 부도를 내는 서투른 짓은 하지 않는다.

네온 거리의 일만 하더라도 이제까지의 바, 카바레들이 과다 경쟁으로 서로 잡아먹히기 전에 한발 빠르게 '맘모스 바' '칵테일 코너' 등 새로운 성격의 바를 개척한 것도 다름 아닌 화교였다.

그 장사의 특징은 ① 값이 싸다. ② 개방적, ③ 여성 손님이 들어오기 쉽다. ④ 점포의 넓이에 따라 둥근 카운터로 나뉘어 있어 처음 보는 사람이라도 친구가 될 수 있다. ⑤ 젊음이 가득하다는 이점이 있었다. 그 중에서도 홈런을 친 것은 여성 손님이 들기 쉽다는 것이었다.

남자와 함께 온 여자에 한해서는 스타킹이나 초콜릿을 선물하기도 하는 점포도 있었다.

마침 여성 해방 운동이 전개되던 중이라 여성 애주가가 조금씩 나타나기 시작한 시기와 일치하여 금상첨화였다.

그런 여성 손님이 모인다는 사실이 다른 남성 손님을 끌어들이는 무언의 매력이 되어 남성이 모여들면 여성 쪽도 더 많이 드나든다는 식이었다. 한참 후에는 헌트바라는 유행어가 생길 정도였다. 손님으로 하여금 손님을 유치시킨다고 하는 밑천이 들지 않는 좋은 아이디어였다.

종교 단체 같은 데서도 예기치 않게 '청년부' 등을 만들어 젊은 남녀 신자의 배증(倍增)을 겨냥하고 있는 것과 결과적으로 흡사한 것이다.

그 발상이 화교들의 선견지명을 증명하고 있는 것이다. 당황해서 일본인 업자들이 흉내를 내어 그와 같은 점포를 만들려고 점포를 휴업하고 개축하거나 대대적으로 선전하여 이미지 교환을 시도하고 있는 동안에 일찌감치 제 1진에서 승승장구하던 화교들은 이미 그 점포를 단념하고 고가에 양도하거나 또는 새로운 수입이 좋은 업종으로 전환하고 있는 것이다.

흑자를 올리고 있을 때야말로, 다른 수입이 좋겠다고 생각되는 장사가 있다면 굳이 이제까지의 장사에 매달릴 이유가 없는 것이다. 성공하거든 곧바로 다른 업종을 겨냥하라.

요즘 클럽이나 카바레 등의 호스티스들의 천편일률적인 서비스 모습에 손님들도 아연 실색한 것을 간파하고는 그 대체로서 신선하고 젊은 감각을 가지고 있는 젊은 직장 여성이나 유부녀를 끌어들이려는 근성은 기상 천외하다고 할 수 있다.

그리고 비싼 급료를 지불할 필요도 없으므로 실로 일석이조의 효과라고 하지 않을 수 없다.

그 장사가 안 될 때에 업종을 바꾼다는 것은 이미 늦은 것이다. 흑자를 올리며 인기가 올라 있을 때 그것을 힌트로 다음 장사를 구상할 정도가 아니면 변신이 빠르다고 할 수 없는 것이다.

39

사람으로 하여금 사람을 부리게 하라

홍콩에서는 사람이 넘치고 있다. 그에 반해서 산업이 빈약하므로 취직난이 매우 심하다. 자립할 때까지는 조금이라도 수입이 좋은 일터를 찾기 위하여 매의 눈처럼 밝히고 있다.

장사나 다른 무엇이든 간에 세력과 의리가 있다. 나쁜 예이지만 소매치기도 버는 장소와 시간이 정해져 있다.

며칠 전에도 관광 단원 중 중년 부인이 물건을 사는 데 열중하다가 핸드백 속에 있는 지갑을 도난당했다. 현금은 할 수 없다고 하더라도 패스포드도 함께 넣어 두었다가 당했던 것이다.

안내하고 있던 여행사의 사원도 얼굴이 새파래졌다. 사방팔방으로 손을 쓴 결과 겨우 소매치기의 두목에게 연줄이 닿아서 사정을 말했더니,

"잃어버린 장소와 시간을 말해 달라."

라고 하였다. 그것만으로 정확히 소매치기를 알아서 패스포드와 현금도 무사히 돌려 받았다. 그러나,

"신세진 것에 대한 보상을 해 주어야 한다."

라는 말대로 얼마간의 위로금을 지불했다고 한다. 소매치기가 좋다는 것은 아니지만, 그 조직력만은 본받을 만하다고 생각한다.

요리점이나 레스토랑, 호텔에서는 보이나 요리사를 고용할 때 대개는 먼저 베테랑의 책임자가 될 사람을 고용한다. 그리고 '그 다음에 몇 명이 필요하다.'고 말하면 그 책임자는 자기와 아는 사람을 채용한다. 그 다음에는 그 베테랑의 책임자를 통해 명령만 하면 된다. 만약 젊은 친구들 중에서 누군가가 변변치 않은 일이 생겨도 책임자의 책임이며, 정도에 따라 전원을 갈아 치울 수도 있는 것이다.

바쁜 주인이 아랫사람에게까지 일일이 신경을 쓰고 있다가는 아무것도 안 된다. 그러므로 책임자에게 마음껏 권한을 주고 그 대신 책임을 추궁한다. 높은 급료를 지불하는 대신 철저하게 일을 하게끔 하는 방법이다.

지위에 알맞은 일을 시키는 점, 일본의 기업과 달라서 연공(年功)이 제 구실을 하지 못하므로 화교들의 사람 쓰는 법은 합리적이고도 비정하다고 할 수 있다.

"감기가 들어서 머리가 욱신욱신하여 오늘은 쉬고 싶습니다." 라고 할 수도 없다. 무단 결근하고 다음날 아침에 출근하면,

"저 봐, 벌써 당신의 자리에는 다른 사람이 앉아 있어요." 하고 설명해 주면 그래도 괜찮은 편이다. 대부분의 경우에는 아무런 이유도 말해 주지 않는다.

그러므로 홍콩에서는 사정이 있어 쉬고 싶은 때에는 그 날 하루, 자기를 대신할 수 있는 사람을 함께 데리고 가서 머리를 숙이고 사정을 말하지 않으면 안 된다.

40

상거래는 현금으로 임하라

화교(華僑)가 성공하는 비밀의 한 가지는 현금 제일 주의에 있다고 할 수 있다.

아침에 눈을 떠보니 제왕(帝王)이 바뀌어 있었다. 그 때문에 어제까지 통용되는 장사의 제도까지 바뀌어 있었다고 한다. 이런 경우를 몇 번이고 경험해 왔던 중국인은 할 수 없이 살아가는 지혜로서 현실적인 것만을 믿게 되었다고 한다.

내일의 백(꿈)보다 오늘의 오십(현실)을 택한다.

상거래에 있어서는 눈앞에 현금을 나란히 놓고 서서히 교섭을 시작한다.

동경에서 중소 기업의 주인 4명이 하룻밤에 억을 넘는 포커 도박을 하다가 돈을 잃은 사나이가 결제를 할 수 없어 고심 끝에 경찰에 자수했다고 하는 멍청한 사건이 일어났다.

조사관에게 4명은 입을 모아,

"처음에는 조그마하게 했는데, 하는 동안에 점점 커져 버렸습니다. 성냥개비로 대신하고 있었기 때문에 전혀 이렇게 많은 돈

132

이 오고가는 줄 몰랐습니다. 만약 현금을 놓고 했더라면 1억 엔이란 돈은 도저히 상상도 할 수 없었을 것입니다."
라고 시인했던 것이다.

그런 예를 보더라도 인간이란 간사한 것이다. 상상력이 부족하거나 원래 낙천가이기 때문에 현물에 두 눈을 확인하기 전까지는 신용하지 못하는 동물인 것 같다.

현찰 뭉치가 동원된다면 상전(商戰)에서는 백만 명의 아군을 얻은 것과 마찬가지이다. 마음껏 살 수도 있고, 가령 선금을 받아 놓았다고 하더라도 활용할 수가 있는 것이다.

일본 사람의 기질로 보면 손님 접대에서도,
"내 이름으로 달아봐요."
하며 외상으로 달아둘 수 있다는 것을 보이기 좋아한다.

화교들은 그런 것은 아이들 장난 같다고 웃는다. 아무리 친절한 점포라도,
"현금을 지불할 테니 깎아줘요."
하며 '내일의 백(百)보다 오늘의 오십(五十)'을 실천한다. 사실 물장사를 하는 사람들도,
"언제 줄는지 모르는 외상보다는 가령 반액이더라도 오늘 주는 것이 더 좋아요. 무엇보다도 구입에 있어서는 현금인 편이 매우 조건이 좋아지니까." 라고 한다.

현금의 중요함을 안다는 것은 상업상의 싸움에서 승리할 수 있는 첫걸음인 것이다.

41

파는 데도 능숙하고 사는 데도 능숙하게 되라

요코하마의 야마데정에 있는 다나카 요시오씨 댁의 연회에서 마생량(麻生良) 씨와 앞자리에 앉게 되어, 중국에 초대되었을 때의 이야기를 해 주었다.

국외 의원단의 일원으로 상해(上海)에 갔을 때의 일이다. 모두 담배를 좋아해서 걸어다니면서도 피울 작정으로 허리춤의 벨트에 빈깡통을 묶어서 재떨이로 대신하려 했던 것이다.

그런데 그 중의 한 사람이 그 빈깡통을 여관에서 잊고 나와서 할 수 없이 담배꽁초를 호주머니 속에 넣고 있었던 모양인데, 그 옷 속에서 연기가 나기 시작하여 야단들이었다. 잘 비벼서 끄지 않았던 것 같았으며, 사정을 듣고 있던 통역관도 크게 웃었다. 아무리 중국의 거리가 '모기도 파리도 없고 길바닥에 휴지 하나 떨어져 있지 않다.'고 하더라도,

"호주머니는 꽁초를 버리는 데가 아닙니다. 길바닥에 버리세요. 지저분하게 될지 모르겠지만 그 때문에 청소하는 사람도 있으니까요."

통역관의 말을 듣고서야 비로소 모두 안심을 했다고 한다.

화교는 장사에 있어서의 값이란 파는 쪽과 사는 쪽이 결정하는 것이라고 믿고 있다. 그러므로 같은 물건을 사면 일본 사람들은 가만히 있어도 깎아 주지만 화교는 '어차피 필요하기 때문에 사는 것이겠지' 하고 깎아 주지 않는다.

그것 뿐만 아니라,

"한꺼번에 이렇게 많이 사면 나중에 온 손님에게 불편을 주게 돼요. 가끔 와서 한꺼번에 사 가는 사람보다 꾸준히 오는 단골이 중요하니까요."

하고 한꺼번에 구입하러 오는 손님을 거절하기도 한다. 부자라면 비싸게 구입하는 것을 당연하다고 생각하고 있다.

"사는 데 능숙하다 하더라도 파는 데 능숙함을 따르지 못한다."라는 말도 있다. 화교는 아이들 때부터 물건을 사는 데 능숙하다.

오사카의 19세 화교인 P씨(여성)는 항공 회사에 근무하고 있다. P씨는 가령 구두를 살 때 큰 도로변에 있는 큰 점포에서 마음에 드는 것을 보았다고 하더라도 황급히 구입하지 않는다.

자기 페이스로 가는 것이다. 구입할 때까지의 상품은 점포의 것이고 돈은 내 것이다. ― 하고 마음속으로 다짐한다.

다음에 뒷골목의 점포에서 그와 같은 물건을 찾는다. 산보하듯 즐기면서 찾으면 뒷골목에 이것저것 새로운 것을 발견할 수 있어 재미있다고 한다.

그 점포에는 주문 위주로서 찾고 있던 것보다 훨씬 멋있고 잘 어울리며 그녀 발에 꼭 맞는 것이 있다는 것을 발견하게 된다.

흥내를 내더라도 한 가지만은 특징을 뚜렷이 하라

동경의 친구는 으레 이렇게 말한다.

"요코하마의 차이나타운에 그렇게도 많은 중화 요리점이 줄지어 있는데 잘 될까?"

그러나 그것은 쓸데없는 걱정이다. 아무리 작은 점포라도 '당 점포만의 자랑' 타 점포에는 없는 것을 가지고 있기 때문이다.

이웃 점포의 상법에 무언가 마음에 드는 것이 있으면 기가 죽는 기색도 없이 곧바로 모방하는 것이 화교 상법이다.

이웃집에서 간판의 색깔을 노랗게 하여 손님이 많이 든다고 판단되면 곧바로 자기 점포의 간판도 노란색으로 바꾼다.

맞은편에서 ○○콜라를 쓰기 시작하여 도매상의 조건이 좋다고 들으면 곧바로 그것으로 바꾼다.

다만 모방을 하는 것을 주저하지 않으나 상품 전체를 흥내내지는 않는다. 특징을 잃어버린 점포는 이미 존재 가치를 상실한 것과 마찬가지이기 때문이다. 흥내를 내더라도 얼마든지 자신들만이 갖고 있는 고유의 특징을 살리는 것이다.

136

알기 쉽게 중화 요리점을 예로 들어보자.

크게 나누어 광동 요리, 북경 요리, 사천 요리, 경소 요리(京蘇料理), 상해 요리, 대만 요리, 죽 요리 등이 있다.

그 중에서도 수프를 자랑으로 한다든지 생선찜으로 정평이 나 있다든지 볶은 것, 튀긴 닭, 내장, 북경 오리고기 등으로 타의 추종을 불허하는 점포도 있다.

그 외에 고급 요리만을 취급하는 점포, 싼 요리를 주로 하는 점포, 양이 많은 점포, 조리 시간이 빠른 점포, 배달을 해주는 점포, 심야까지 영업하는 점포, 연회에 적합한 점포, 밴드 연주가 있는 점포, 결혼식장이 있는 점포, 런치 타임이 있는 점포 하는 식으로 손님들의 이용 목적에 따라 다양하며, 전혀 같은 조건의 점포란 없는 것이다.

어디까지나 모방을 한다고 하더라도 원조(元祖)에는 도저히 못 미친다는 것을 인식하고 있기 때문에, 지나친 이해 충돌도 없으며 또한 각자가 자기 나름대로 자신감을 가지고 있다.

장사의 비결이 여기에 있다. 요리점뿐만 아니라 잡화점에도, 옆집의 부채가 잘 팔린다고 부채만 갖다 놓는다면 손님을 잡을 수는 없다. 약간 비약하여 지갑이라든지 인형 등, 다른 곳에 없는 것을 발굴하여 물품을 갖추어 놓아야 하는 것이다.

즉석 라면도 화교들이 고안한 것인데, 그 뒤를 쫓아 다른 회사들이 짜장라면, 채소라면, 우동라면 등과 같이 착안점을 비약시킨 인스턴트 식품을 개발해 왔다는 것은 이미 알려진 이야기이다.

흉내를 내는 쪽이 득이라고 판단되면 주저하지 않고 곧바로 모방을 해야 한다.

그러나 모방 그 자체로 머물지 않고 초월해 갈 것을 항상 염두에 두지 않으면 안 된다.

그것이 성공의 첫걸음이다. 단순한 모방은 원숭이 흉내에 불과한 것이다.

43

행동에 방해되는 핑계는 대지 말라

일본 사람들은 철학자다운 것을 좋아하여 핑계가 많으며, 토론하고 있는 동안에 찬스를 놓쳐 버린다.

중국인들은 무슨 일이 있더라도 실행에 옮겨 버린다. 그리고 필요하면 완료된 다음에 천천히 학자들에게 이론을 첨부해 줄 것을 요구하여 체면을 유지한다.

같은 이민(移民)이라도 일본 사람과 중국 사람과는 마음가짐에 큰 차이가 있다.

일본 사람이 만약 이민을 간다고 하면 중요한 일로서 이민을 가고자 하는 나라의 대사관과 신중히 정보 교환 같은 조사를 사전에 행한다.

정부에서도 힘을 쏟아 이주 센터에서 연수를 시킨다. 또한 그 센터에 입주시켜 여러 가지 대책을 강구한다. 자영이건 특파 근무이건 행선지를 확인하여 여러 친지들의 전송을 받으며 정부에서 내준 공짜 배를 타고 떠난다.

한편 이제까지 세계 여러 곳에 흩어져 뿌리를 내린 화교들의 이민의 역사에는. 이민을 위한 학교나 일반 책자 같은 것도 없이, 기초적인 지식마저 그 누구도 가르쳐 주지 않았기 때문에 그러한 화교의 입장에서 보면, 일본인이란 평소에는 국가나 정부를 신랄하게 비판하다가도 자신이 다급해지면 의지하며 매달려서 어떻게든 해결책을 찾아 나가는, 근성(根性)이 없는 사람들이라고 생각할 것이다.

화교들의 보편적인 패턴은 정부의 보호, 원조 없이 바다를 건너가 우선 노동자로서 출발하여 혈연, 지연에 의해 단결하고 철저한 자치력(自治力)으로 협동(協同), 상부 상조의 정신을 발휘하며, 점포에서 맨 밑바닥부터 일하고 있는 동안에 독립하여, 소상인에서 중상인으로. 중상인에서 대상인으로 뻗어 나가는 것이다. 당대(當代)에 목적 달성을 하지 못하면 다음 대까지 계속해 간다.

목적을 달성할 때까지는 '근로(勤勞)·절약(節約)·저축(貯蓄)'하며 자기의 욕구를 죽인다. 화교들은 '선고후감(先苦後甘)'이란 말을 좋아한다.

'금의환양'이란 사상도 마음 밑바닥에 있지만 성공하여 고향에 돌아가는 것이 어렵다고 느껴지면 의연하게 그 나라에서 하루라도 빨리 성공하기 위해서 그곳에 뼈를 묻으려고 하는 정착성(定着性)을 보이게 된다.

그 대신 고향 사람들을 차례차례로 불러들인다.

어쨌든 화교들은 실행할 수 없는 일은 가치가 없다고 생각하므로, 케케묵은 평계를 늘어놓는 것보다 실제로 보여 주는 행동력을 환영한다.

화교들은 어떤 대책도 없이 무작정 해외로 뛰어나간다. 세계 어느 곳이라도 조금만 유리하고 안전한 곳이 있다고 생각되면 돈을 벌러 떠난다. 또다시 더 나은 곳이 있다는 말을 들으면 그곳으로 간다. 노다지를 캐는 곳에 정착하기까지 홀가분하게 옮겨다닌다. 거기에는 이론(理論)도 없다. 다만 묵묵히 실행해 갈 뿐이다.

쓸데없는 핑계는 행동하는 데 방해가 되며, 다만 실행만이 있을 뿐이다.

44

눈앞의 이익보다 상대편의 체면을 중요시하라

'프로'가 되면 거리의 행상인이나 노점상이라도 체면을 중히 여긴다. 손님이 기회를 봐서,

"값을 좀 깎읍시다."

라고 하면,

"하는 수 없군."

하고 손을 친다. 가령, 100만 엔의 거래에서 단지 3만 엔밖에 벌지 못하더라도, 때로는 손해를 보면서 체면상 상담(商談)을 성립시키는 것도 중요하다.

이익을 버리고 신용(信用) 쪽을 택한다. 체면에 관한 한 가령 고용인이더라도 다른 사람 앞에서 핀잔을 주어서는 안 된다.

체면을 중요시하고 상부 상조 정신이 강하기 때문에 '이렇게 되어서는 친구에게 면목이 없다.'는 식으로 말을 한다. 화교는 체면이 손상되면 자기의 멸망이라고 단정한다.

부리던 사람을 무시하여, 일하던 점포에서 몰래 독립하여 같은 장사를 하는 것도 체면상의 문제이기 때문이다.

북쪽 어느 도시에서의 이야기이다. 클럽 경영으로 몇 개의 점포를 가지고 있는 실력자인 화교 A씨의 한쪽 팔 역할을 하던 B씨(일본인)가 A씨와 아무런 상의도 없이 갑자기 그만 두었다.

그만둔 것뿐만 아니라 조금 떨어진 곳에 큰 클럽을 개업했다. 몰래 스폰서도 구한 것 같았고, 근처에 같은 크기의 점포를 또 한 채 개업하였다.

이 업계의 우두머리라고 불리는 A씨는 체면상으로도, B씨가 개업한 2개의 점포 바로 옆을 고액으로 매수하여 2개의 라이벌 점을 개업하고 곧바로 B씨 점포의 종업원을 빼내는 작전에 들어갔다.

밑바닥에서 자수 성가하여 장사의 표리를 다 아는 A씨의 반격 작전에 B씨는 더 이상 버틸 재간이 없었다. 막대한 자금을 투입하여 개업하였던 B씨의 2개의 점포는 얼마 못 가서 쓰러지고 말았다. 후에 A씨는 속마음을 이렇게 털어놓았다.

"B씨도 아직 패기가 있으므로 그렇게 일을 벌인 것에 대해 충분히 이해하고도 남지요. 그렇지만 제게 한 마디 상의도 없이 독단적으로 그런 행동을 한 것은 배신이에요. 물론 그 사람은 아직 돈벌이를 혼자 독점할 정도의 힘도 없어요."

사람들 앞에서 완력을 부리는 것을 극히 싫어하는 화교 사이에서도 경우에 따라서 금기를 깬다. 어떤 섬에서 본 일인데 두 사람이 싸우고 있었고 주위에는 사람들이 모여들고 있었다.

한쪽에서 코피라도 터지게 되면 큰 야단이다. 코피가 나면 닦지도 않고 반대로 피를 될 수 있는 대로 여기저기 묻힌다. 상대편이 틈을 보인 사이에 돌을 집어 자기의 이마를 때려 일부러 피가 나게 하여 손바닥으로 퍼뜨린다.

상대방을 나쁜 사람으로 몰아 구경꾼들의 여론을 자기 쪽으로 유리하게 몰아 동정을 끌게 하려는 작전이다.

그리고 부하나 고용인이라도 절대 사람들 앞에서는 꾸짖거나 주의를 주어서는 안 된다. 그러면 적이 되고 마는 것이다.

45

남이 버린 물건에 눈을 돌려라

한때 일본에서도 '폐품 이용'을 떠들썩하게 부르짖은 적이 있었다. 그러나 최근에는 '현대는 소비하는 시대이다'라는 상품 메이커나 업자들의 상술에 넘어가고 있는 것 같다.

중국인들이 폐품 이용의 천재라는 것은 자타가 공인하는 바이다. 싱가포르에서는 세계 주석(朱錫)의 수요의 대부분을 산출하고 있다. 그것을 중국인들이 채굴하여 미국으로 보내어 그것이 통조림깡통 같은 것으로 되어 다시 역수입된다. 물론 그것은 옛날이야기이지만, 그 폐품 깡통을 주워 모으는 것 또한 중국인인 것이다.

모은 것 중에서 좋은 것은 중국인 치과로 보내져 은색 의치로 둔갑하기도 했다고 한다.

전후(2차 대전 후) 곧바로 당시의 진주군의 각 부대에서 배출되는 빈깡통은 굉장한 숫자였으므로 버리는 데에도 곤란할 지경이었다. 그것에 주목한 것이 오사카의 화교였다. 그는 신세카이의 뒷골목의 '줄지어 있는 밥집'에서 수다쟁이로부터 이 빈깡통 이야기를 듣고는 곧바로 무릎을 쳤다. 밥 찌꺼기를 처분하는 조건으로 대량의 빈깡통을 손에 넣게 되어 그의 집은 순식간에 조그만 공장으로 바뀌었다.

빈깡통은 모두 잘라 펴서 한 장의 판으로 만들어 간단한 압력을 주어 병의 덮개를 비롯하여 구두약통, 풀통 등의 덮개, 장난감의 부품 등으로 차례차례 변모해 갔다.

당시로서는 그러한 종류의 물건이 없었으므로 여기저기에서 그것을 구입하려고 야단들이었다. 드디어 그는, 상당한 자금을 마련하여 택시업계에 진출했다.

싼 잡화상이라 하더라도 신발, 덮개 없는 만년필, 고장난 지퍼, 여행용 손가방 같은 것으로 짭짤한 장사가 된다.

항구 도시라면 화물선의 선원들이 나와 있는 의류를 송두리째 사 가지고 간다. 약간 흠집이 있어도 값만 싸면 잘 팔렸다. 메이커 제품에서 화재나 홍수 피해로 흠집이 조금 있는 것을 연고를 대서 모아 오는 것이다.

현재 어느 나라에 가더라도 볼 수 있는 빠찡꼬는 어떻게 해서 만들어졌는지 알고 있는가?

그 또한 중국인과 한국인에 의한 훌륭한 폐품 이용의 산물인 것이다.

전쟁중 국가의 명령에 의해서 비행기 제조의 일부분으로서 나고야 지방에 베어링이 대량 생산되고 있었다. 그런데 갑자기 종전이 되자 필요 없게 된 많은 베어링과 이전부터 가게에 있었던 유아용의 구슬을 이용하여 탁 퉁겨서 구멍에 들어가 구슬이 하나 나오면, 과자 한 개나 오징어 다리 하나를 경품으로 주던 기계를 만들어 어른들의 놀이 도구로서 대대적으로 판매했던 것이다.

빠찡꼬의 악영향에 대해서 말할 사람도 있겠지만 어쨌든 삭막하던 대중의 기분을 포착하여 손쉽게 욕구 불만을 해소할 수 있게 했다는 점은 인정해 줘야 할 것이다.

다시 한번 주위를 돌아보고 당신도 새로운 폐품 이용을 도모해 보는 것이 어떨지?

46

선수(先手)가 상수(上手)임을 알아라

한서(漢書)에 있는,

"먼저 출발하면 남을 제압하고, 나중에 출발하면 남에게 제압당한다."

라는 말을 끊임없이 염두에 두고 있는 것이 화교이다.

동경에 살면서 일본 전국의 화교들로부터 주목을 받고 있던 임이문(林以文) 씨는 모든 일에 선수(先手)를 치며 전환이 빠르기로 정평이 있었다.

일을 잘하며 머리가 샤프한데도 학력과 경력이 좋지 않아서 출세가 늦어져 불평 분자가 되거나 반란군으로 변하는 자가 있다.

그런데 임씨는 이런 경우에 처해 있는 사람이라도 채용하기를 꺼려하지 않았다. 그것도 일종의 '선수(先手)'로서 2중 효과를 노리는 것이다.

기용된 사람은 분투하게 되며 출신 학교에만 의존하던 다른 사람들도,

"이런 식이라면 실력을 쌓지 않고는 버티기 힘들다."
하며 지금껏 가지고 있던 허영심을 버리게 되기 때문이다.

그의 수많은 사업중의 하나로 영화관, 극장 경영을 들 수 있다. 동경의 신주쿠를 비롯하여 10개관 정도를 가지고 있는데 사양 사업이란 소리가 높은 영화계였으므로 일찌감치 신주쿠극장은 시네마스코프를 들여와서 대처했으며, 나머지 극장도 손님이 줄자 외화 쪽으로 전환하는 등 선수(先手)를 쳐서 손님을 끌어당기고 있다.

동경 아카사카의 산왕반점(山王飯店), 로쿠혼보쿠(六本水)에 있는 협동 조합 '사명상업합작사(四明商業合作社)'의 경영자 장화상(張和祥) 씨는 중국 절강성(浙江省)의 영파 출신(寧派出身)으로 대사관의 요리사로 시작하여 다른 사람에 비해 출세가 빨랐는데 그 비결은 역시 시대의 선취(先取)하는 영감과 배짱이 두둑한 덕분이었다.

동경에 있는 협화 신용 조합의 전 이사장 이합주(李合珠) 씨는 신주쿠에 '동경 대반점'을 개점하는 등 신선미를 줄 수 있는 과감한 상법으로 히트하여, 이즈(伊豆)에 최초로 대규모 맨션을 세웠으며 시부야에 레저 센터를, 나카노에 맨션을 소유하게 되었다. 그 모두가 선수를 친 덕분에 따낸 승리였던 것이다.

주상하(周祥厦) 씨는 절강성 영파 출신으로 동경 유라쿠정의 교통 회관에 있는 '교통대반점'의 주인인데 문화면에서도 선견지명이 있어 그런 것들을 포함하여 '재일 40년' 등의 저서를 2권 출간했다.

이들은 거의가 자력에 의해 재산을 쌓아올린 사람들이고 또한 후계자를 만드는 일에도 적극적이어서 요코하마의 식품회사

K · K를 경영하는 이구(李區)씨 등은 중화 학교 교사로 있다가 유화한 인품과 탁월한 영감을 인정받아 경영자의 한 사람으로 발탁되어 장래를 약속받은 사람이라 할 수 있다.

역시 '선수 필승(先手必勝)'인 것이다.

47

현금을 손에 쥐기까지는 마음을 놓지 말라

화교들은 '거래(去來)'란 모든 주고받을 것을 끝냄으로써 비로소 완결된다는 신조를 가지고 있다. 그것을 마음속에 새기게 된 본바탕에는 그들 화교 나름대로의 시기심이 있다.

합리주의, 현실주의, 현금주의 그 모든 것이 이런 사고 방식에서 발전했다고 할 수 있다.

"혼자 묘(廟)에 들어가지 말 것이며 둘이서 함께 우물을 들여다보지 말라."

라고 하는 말이 있다. 그것이 무엇을 의미하는가 하면, 혼자서 묘(廟 : 또는 宗廟)에 들어가게 되면 거기에 중이 기다리고 있다가 죽이려고 덤벼들는지도 모른다.

둘이서 우물을 들여다보고 있다고 하자. 그때 어느 쪽이든 돈을 빌려 주었거나 한 사람이 매우 비싼 것을 가지고 있어 상대편이 그것을 탐내고 있다고 한다면 어떻게 될까? 이때야말로 기회다 하고 등을 떠밀어 우물에 빠뜨릴 가능성이 있다고 하는 것이다.

모든 일에 이와 같이 '타인을 경솔하게 믿어서는 안 되는 것이다.'라고 어릴 때부터 주의를 받고 자란다고 한다.

이것 또한 전쟁 전의 이야기인데 여관이나 요리점에서 종업원에게 계산을 해 주고 나오려고 하는데, 돈을 받은 종업원이 계산서의 명세를 큰소리로 읽었다고 한다.

그것은 다른 종업원에게 팁을 속이지 않았다는 것을 공언하기 위한 것이라고 한다.

어쨌든 간에 거래라는 것은 최후의 최후까지 모르는 일이다. 트럼프 게임에서와 마찬가지로 손에서 낼 때는 언제나 내기 좋은 카드부터, 게임이 끝날 때까지는 절대 마음을 놓아서는 안 된다.

당신 자신만 하더라도 지금은 멀쩡하게 있지만 한순간 후에는 무슨 일이 일어날지 모르는 것이다. 병, 교통사고, 화재, 그리고…… 위험은 우리 주위의 모든 곳에 도사리고 있다.

대부분의 화교는 주식(株式)에 그다지 관심을 보이지 않는다. 그 이유를 물어 보았더니,

"주권(株券)이란 단지 종이 쪽지에 불과해요."

"본 적도 없는 사람이 경영하는 회사에 어떻게 중요한 돈을 맡길 수 있겠어요."

하고 몹시 싫어하는 눈치였다. 그 '주(株)만 하더라도 아무리 올라 돈을 벌었다고 하더라도 그것을 팔아서 현금을 손에 쥐지 않으면 완결된 것이 아니다.'

자기 쪽에서 돈을 낼 때에는 경솔한 사람이 있다. 소매점에 가서 가격도 물어보지 않고 큰돈을 내거나, 거스름돈을 잊고 가거나, 심한 경우에는 거스름돈을 받았으나 산 물건을 놓아둔 채

로 나가버리거나 하는 일이 종종 있다. 그것은 단지 웃어 넘길 일이 아니다.

현금의 중요성을 알고 있는 화교는 절대로 그런 서투른 짓은 하지 않는다. 그런 서투른 짓을 한대서야 도저히 '거래'를 할 자격조차 없다고 생각하는 것이다.

48

인간악(人間惡)에 통달하라

화교들이 사람들과 교제하여 일의 신뢰감을 갖기까지에는 최저 수년이 걸린다고 말하고 있다. 실증주의자들인 그들은,

"내일 아이들의 연극 초대권을 가지고 오겠습니다."

라고 한 사소한 일이라도 약속을 지키지 않았다고 하면 점수를 많이 깎인다. 그러한 사소한 약속부터 착실하게 점수를 따야 마음을 놓을 수 있게 된다.

완곡(婉曲)함을 중요하게 생각하는 그들은 표면적으로는 대개 미소를 머금고 있다. 그래서 약속을 지키지 않은 사람에게도 겉으로는 아무렇지 않게 보이기 때문에 안심해 버린다.

그러나 내심으로는 강한 거부 반응을 일으키고 있는 것이다.

'의심은 신용으로의 제1보이다. 신용하기 위하여 의심을 갖는다.'고 하는 것이다.

퇴직한 전 경시청의 명형사인 히라스카 합베에 씨도 '자기의 눈과 귀로서 확인한 것 이외는 절대로 받아들이지 않는다.'고 잘라 말하고 있다.

교제가 짧았을 때에는 자기가 상대방으로부터 신용받지 못하더라도 '당연한 것'이라고 받아들이고 있다.

그러나 한번 신용했다고 하면 강한 유대로 연결되어 남들이 무슨 소리를 하건 귀를 기울이지 않는다.

인간의 본능, 거기에서 오는 약점을 꿰뚫는 점에서도 중국인은 통달했다고 할 수 있다.

'일부러 면전에서 사람을 칭찬하는 자는 그 사람이 없을 때는 비난한다.'는 것과 '군자는 호랑이는 두려워하지 않고 한 사람의 참부(讒夫 ; 근거 없는 말을 퍼뜨려 남을 해치는 사람)의 입을 두려워한다.'는 옛말에 공감하고 있다.

인간이 기(奇)와 색(色)을 좋아한다는 것을 알고 있는 그들은 그 일만은 경멸하지 않는다.

다방, 카바레, 외국인 바 등은 화교들의 손에 의해 시작된 것이다. 빠찡꼬나 사우나탕 같은 것도 말하자면 제 3 국인의 독무대란 느낌이 든다.

궁지에 몰린 '인간의 욕망'을 교묘하게 포착하여 오락 산업 속에서 꽃피우게 하고 있다.

통속적인 인간이란 어떤 의미에서는 남을 엄격하게 책망하지 않고, 관대한 눈으로 바라볼 수 있다고도 할 수 있다.

중국인은 말을 자주 하는 인간은 모두가 군자나 성인이 되지 못한다는 것을 너무나 잘 알고 있다.

그러므로 그러한 인간의 슬픔에 조금이나마 위로를 주는 것이다. 그러나 자선 사업이 아니므로 벌 것은 틀림없이 번다. 모든 것이 거기에서 출발한다.

그렇게 생각하면 근사하게 벌고, 명예나 지위를 얻으려고 하는 자에 비하면 훨씬 인간적인 것이 아닌가?

49

연기력을 끊임없이 양성하라

연기력을 끊임없이 양성해 두지 않으면 어디서 어떻게 손해를 볼는지 모른다. 배짱을 부린다든지 수줍어한다는 것은 오랜 동안의 교제 같으면 인간성을 잘 알고 있어 좋을는지 모른다. 그러나 오늘날처럼 복잡한 현대 사회 속에서는 초면인 사람과도 거래를 하지 않으면 안 되는 경우가 자주 있다. 연기력이 부족하면 그것을 자연스럽게 처리해 갈 수가 없다.

장사에 열중하는 화교는 마누라를 상대로 상거래에서 가상할 수 있는 여러 가지 일을 연습한다고 한다. 손님이 앞으로 들어왔을 때(점포인 경우), 이쪽에서 상품 설명을 할 때(행상 등의 경우) 등 여러 가지 장면을 설정하여 연구한다.

사는 쪽은 한 푼이라도 더 깎으려고 하고 파는 쪽은 조금이라도 더 받으려고 하면서 박진감 있는 공방전이 펼쳐진다.

그리하여 교섭의 미묘한 이치와 틈을 몸에 익혀 상대편의 맹점을 찾아내기 위한 훈련을 쌓는 것이다.

어쨌든 자기의 입장을 강변하려면 연극을 익혀둘 필요가 있다. 그것은 부부 싸움의 경우에도 응용될 수 있다.

일본 같은 경우 부부 싸움이 일어나면 문을 잠그고 자체적으로 해결하려고 한다.

그러나 화교는 밖으로 뛰어나가 싸운다. 이웃사람이나 지나가는 행인까지 모인 상태에서 떠들썩하게 논쟁을 펼친다.

그 경우 절대 손을 들어서는 안 된다. 그렇게 되면 이유 여하를 막론하고 그쪽의 패배로 되는 것이다.

어쨌든 연기력과 구변이 뛰어난 쪽이 구경꾼들의 인기를 얻게 되므로 역시 여성들이 이기는 경우가 많은 이유는 이 때문이다. 연극은 중국인에게는 국민적인 오락이다. 그렇게 생각하고 보면 보통 사람들의 행동도 어딘지 모르게 신파극 같다.

상거래에 있어서 주고받을 때에도 제스처가 멋있다.

"이래가지고는 본전도 안 되요."

하고 한탄하게 되면 깜짝 놀라며 정말인가 하고 생각하기도 한다. 생활 태도나 말만 하더라도 그렇다. 형식도 우리들보다는 훨씬 중시 여긴다.

그리고 불리하게 되었을 경우에, 가령 자기가 잘못했더라도 절대 빌지 않는다는 것도 국민성이다. 더구나 그 점에 있어서는 화교는 자신들도 때로는 자국민에게 염증을 느끼는지,

"일본 사람들은 솔직해서 좋아요. 자신의 잘못을 인정하고 용서를 빌고 나면 그것으로 끝나 버리니까 본인도 기분이 좋아지는데 중국인의 경우, 자기가 잘못을 인정한다는 것은, 그 이전의 다른 일까지도 나쁘게 평가되어 후일까지 큰 영향을 끼치므로 사과하고 싶어도 그럴 수가 없어요."

하고 털어놓는 경우도 있다.

50

. . . .

평범하게 더 일하라

　언제부터인가 일을 지나치게 많이 하는 것은 나쁘다고 하는 논의가 일본 사람들 사이에서 횡행하게 되었다. 그 이유만은 아니겠지만 젊은 사람들 사이에 틀림없이 마이홈형 인간이 늘어나기 시작했다.

　노는데 서툰 사람은 일본 사람이다. 일만 알고 있기 때문에 경제적 동물이라 불리며 외국에서까지 비난을 받고 있다고 스스로 다그친다. 정신적 마조히즘(변태성욕)이라고도 할 수 있을 것이다.

　그것을 본 화교는 이렇게 말하면서 웃는다.

　"장사를 열심히 하는 것을 경제적 동물이라고 한다면 경제적 동물이 좋은 것이야."

　그러나 일본인이 나쁘다고 듣는 것은 장사를 열심히 하는 것을 두고 말하는 것이 아니라 스스로 자기의 이익만을 추구한 나머지 상대국의 습관과 예법을 짓밟거나 상대편을 이상하게 내려보거나 또한 상대국에서 이익의 환원을 생각하지 않기 때문이라고 한다.

일본에 있는 오사카 화교 총회 회장인 홍만(洪萬)씨는 '일본의 샐러리맨보다 2배 이상은 일한다.'는 것을 모토로 이제까지 열심히 살아왔다.

"오늘은 약간 여유를 갖고 일했다."
하는 날에도 일을 한 시간이 16시간 이하인 적이 없었다.

그 일하는 것을 바탕으로 무일푼에서 고기 소매, 나아가 도매, 빠찡꼬를 번창시켜 모은 자금으로 10년도 채 못되어 오사카 역 주변 우메다의 코마 극장 근처의 땅과 주산 역전의 부동산을 사들여 지금은 우메다에 종합 레저 빌딩을 가지고 있으며, 오사카의 업계에 눈을 돌리기 시작하였다.

홍씨가 그 땅을 입수했을 때 사람들은 땅값이 오를 것이라는 것을 꿈에도 생각지 않았었다.

처음부터 관청이나 대기업에는 들어갈 생각이 없는 화교들(물론 들어가고 싶어도 곤란하다)의 대부분은 자립하거나, 부모의 장사를 이어받기 때문에 정년(定年)이란 관념은 없다.

'한평생 일한다' '죽을 때까지 일한다'는 것 외에는 염두에 두지 않고 있다. 그렇다고 자신들이 타국이나 타인종들보다 더 일한다고 생각지 않는다.

싱가포르에는 자라의 수프나 죽을 파는 집이 가는 곳마다 있는데 더운 나라이기 때문에 저녁에 번성한다.

그런데 그 영업 면허를 따기 위한 첫째 조건이 45세 이상이어야 하는 것이다. 그 대신 이 장사의 좋은 점은 소득세가 면제된다는 점이다.

원래 연수입이 싱가포르 2,500달러 이상이면 6퍼센트에서 55

퍼센트까지 세금으로 내야 되는데 그 자라집만은 면세의 혜택을 받는 것이다.

그래서 공무원이나 샐러리맨들 중에도 농담 아니라 45세가 되는 것을 기다렸다가 인생의 전환을 도모하는 자가 끊이지 않는다.

직업에 귀천이 있겠는가 하면서.

체면을 세워라

"그런 짓을 하게 되면 내 체면이 서질 않아요."
하는 식으로 체면이란 말은 이미 어느 정도 우리말화된 느낌이
든다.

돈을 위해서나 장사를 위해서라면 감히 타면자간(침을 뱉거
든 마를 때까지 기다려라)이라 하는 것도 사양하지 않는 화교
이지만, 장사를 떠난 대인 관계에 관한 한, 남으로부터의 모욕
에 대해선 매우 민감하다.

다시 말하면 체면을 손상당하는 일을 극도로 싫어한다. 인간
으로서의 자기와 장사꾼으로서의 자기를 분명하게 구별하고 있
는 것이다.

상업상으로는 뚜렷하게 양보하지만 사적인 만남의 장소에서
는 서로가 까다롭다고 할 정도로 체면에 신경을 쓴다.

그것은 중국인의 성격상 일대 특징인 '완곡(婉曲)'함을 여실
히 드러내는 것이다.

예를 들면, 편지 접는 법 한 가지만을 보더라도 상대편의 이

름을 쓴 부분이 접히지 않도록 하며, 또한 사람이 무릎을 꿇고 있는 모양으로 접음으로써 상대편에게 존경하는 뜻을 나타내 보인다.

그렇게 하지 않으면 상대편의 체면이 서지 않는다고 생각하기 때문이다. 자기 집에 온 손님을 마중하거나 전송할 때에도 조그마한 예법 중에서 무언가 하나라도 생략하게 되면 진정으로 환영하고 있지 않다는 뜻을 표하는 셈이 되는 것이다.

일행이 놀러갈 때는 그 중 자금 융통이 뛰어난 사람이 있다 하더라도 항상 그가 사게 되면 다른 사람은 체면을 잃게 된다.

그래서 우선 마작이나 트럼프를 시작한다, 트럼프는 중국식 포커로서 장수를 13매 사용하므로 '13매'라고 불리며 마작의 룰을 도입한 것으로서 승부가 빠르다. 거기에서 돈에 여유가 있는 사람은 일부러 져 준다.

"자 슬슬 나가지. 회계 담당은 네가 해라."

하면서 이긴 사람에게 돈을 건넨다. 그와 같은 과정을 겪지 않으면 모두의 체면이 서지 않는 것이다. 노골적인 태도를 취하는 것은 모처럼의 고상하고 풍류스런 즐거움을 깨는 것이라고 알고 있다.

더구나, 한번 놀러 가려고 한판 승부를 하고 있는 동안에 출발이 너무 늦어져서 놀러갈 점포들이 문을 닫아버린 적도 간혹 있다는 것이다.

물론 이런 것들은 체면을 말하는 극히 일부의 예이다. 실제로는 화교의 체면과 일본 사람들이 말하는 '체면'은 뉘앙스가 상당히 다르다. 그것은 지탱하고 있는 풍속, 습관, 가치관이 전혀 다르기 때문이다. 하여튼 장사면에서의 맺고 끊음을 개인적인 관계까지 끌고 간다는 것은 소인들이나 하는 것으로, 거래상 비록 어려운 사이라도 개인적으로서는 여유 작작하게 예의를 갖추는 것이 대인인 것이다.

그리고 체면을 손상당했을 때만 이것저것 생각지 않고 화내면 되는 것이다.

52

상대편의 안색을 읽어라

요즘 요코하마 화교들 중에서 두드러지게 성장해 온 하북(河北) 출신의 P씨, 그는 내로라 하는 선배, 친구들을 추월, 매진하고 있었다.

그의 처세술에 대한 이런저런 이야기와 비판의 소리가 많았다.

그런데 그가 특기로 삼고 있는 것은 상대편의 안색을 읽는다는 점이었다. 아는 사람이 찾아와서 의자에 앉게 되면,

"무슨 용무로 무슨 말을 하기 위해 왔는가를 알아차린다."

그런 정도는 예사이며 그 배후의 관계까지 읽어 버린다. 그리고 사람을 피하지 않으며, 남의 잘못을 말하지 않는다. 가령 자기와 사이가 나빠, 한창 다투고 있는 화교에 대한 이야기를 들어도,

"아아! 그 사람은 좋은 사람이요, 나도 그 사람에게 매우 신세를 졌어요."

하고 말하는 것이었다.

그런 것이 가능할 것 같으면서도 좀처럼 하기 힘들다. 우리 같으면 정신 나간 놈이라고 불쑥 남의 결점을 말해 버릴 것이다.

상점이나 회사의 거래의 경우에도 상대편은 불특정 다수의 고객인 것이다. 어떤 환경에 있고, 어떤 교제 범위를 가진 사람인지 알 수 없다.

그것을 생각하지 않고 나쁜 소문을 퍼뜨릴 수 있는 이야기를 한다면, 자기 자신의 인격에 관계되며, 나아가서는 거래에 지장을 주게 될 것이다. 비록 사이가 좋지 않은 상대편이라도 칭찬해 줌으로써 상대편의 독기(毒氣)를 뽑아 버리는 것이다.

상대편의 안색을 읽는 재능이란, 천성도 있겠지만 평소 훈련하기에 따라서 그렇게 어려운 재주는 아니다.

그것은 비열한 아첨꾼과는 전혀 다르다. 아첨을 하는 자는 그 상대편으로부터도 경멸당하는 것이다.

때로는 미움을 사게 되며, 거래에 있어서도 역효과를 가져올 수 있다.

그런데 불행하게도 아첨 씨나 아첨 양은 그것을 알지 못하고 상대편의 반응이 약하다고 생각되면, 점점 도를 높여간다. 그러다 결국에는,

"이젠 알아서 하십시오."

하며 혼쭐나기도 한다.

상대방의 안색을 읽을 수 있게 되면, 상대편의 그 날의 기분 정도는 이미 알아차려 상대가 저기압일 경우에는 '군자(君子)는 위험한 것에는 가까이하지 않는다'로서 적당한 거리를 유지하고 있으면 된다.

화교들 중에는 안색을 잘 읽어 실력자나 투자가에게 발탁되

어 뜻밖의 행운을 잡는 경우도 있다.

일단 인정받게 되면, '돈(자금)은 대 주어도 간섭은 하지 않는다'를 지키기 때문에 마음껏 자신의 재량을 펼 수 있다.

그것이 성공하면 다음에는 전번의 10배 이상의 자산 혜택을 받게 되기도 한다. 돈이 남아돌아 어딘가에 유능한 사람만 있으면 그의 재능을 사서 무언가 사업을 벌려 봤으면 하는 화교가 도처에 많기 때문이다.

당신도 상대편의 안색을 능숙하게 읽을 수 있는 훈련을 하는 것이 좋지 않을까?

53

애교를 몸에 익혀라

장사에 능숙한 사람이란 쉴새없이 재잘거리고 애교가 없어서는 안 된다고 하는 것은 말레이시아의 수도 콸라룸푸르에 있는 남양상보(南洋商報)의 엽(葉)기자의 지론이다.

그는 광동계(廣東系)이지만 3개월 동안 일본에 체재하면서 시찰을 한 적이 있었다. 일본에 대한 소감을 묻자,

일본 사람들에게 소개받은 곳이나 알고 지내게 된 사람들은 굉장히 친절하고 싹싹하나,

"택시 운전사나 소매점의 점원들은 한결같이 애교가 없다."

라고 알고 있는 일본말을 섞어가며 말했다.

첫째 운전사인데 그렇게 오랜 시간 아무 말도 않고 운전하는 것은 본인의 몸에도 좋지 않을 것이라고 말했다.

그 말을 듣고 보면, 언젠가 어느 학회에서 의학적으로도 떠들지 않고(말하지 않고) 오랜 시간을 가만히 남과 함께 있는 것은 자연에 위배되므로 신경에도 좋지 않다고 발표된 적도 있었다.

엽 기자는 센다이(仙台))의 조그만 영화관에 들어갔다. 표를

받는 장년인 남자가 있었는데 아무말도 없이 묵묵히 찢은 반 조각 표를 내미는데 깜짝 놀랐다고 한다.

또 동경의 큰 과자점에서는 '어서 오십시오'라는 말 한마디 없이 여점원이 그냥 옆에 서 있을 뿐이었는데, 그것은 약과이고 옆으로 매니저인 듯한 사람이 다가와서 어쩐지 수상쩍다는 표정으로 감시하는 것 같은 표정으로 서 있었다고 한다.

"그렇게 하면서도 장사를 잘할 수 있다면 그것은 일본의 손님들도 도량이 넓은 것입니다."

물론 일본의 점포들이 모두가 그런 것은 아니었다.

어느 날 초대를 받아서 갔던 고급 레스토랑 같은 곳에는 몸에 밴 매너와 서비스로서 만족스러웠으나 엽 기자의 말에 의하면 화교들은 성냥개비 10개나, 파인애플 4분의 1조각으로도 '한 조각에 ○○' 하고 값을 큰소리로 외치면서 사람들이 들끓는 북새통 속에서 장사를 시작한다. 라이벌도 있고 버젓이 차려 놓은 상점도 있다. 그것에 이기기 위해서는 애교 섞인 소리로 대하는 수밖에 도리가 없다.

콸라룸푸르, 세실 거리에 있는 차이나타운의 중국 극장 주변에는 음식점을 포함하여 여러 가지 물건을 팔고 있는 점포도 있다. 치약, 화장품, 표주박, 의류, 손이 떨어진 불상, 한쪽 신발, 녹슨 자물쇠, 도어의 손잡이 같은 것도 펴놓고 팔고 있다.

그것을 놀리는 손님도 있어 흥정에 들어가면 때로는 입에 거품을 내뿜으면서 격론을 벌인다.

"그것도 일종의 애교인 셈입니다. 왜냐하면 손님 편에서도 흥정하는 과정을 즐기고 있으므로……."
라고 엽 기자는 해석을 한다.

54

비관도 낙관도 하지 말라

　평론가인 고바야시 히데오의 '기쿠치 관(菊地寬)'에 대한 글에 의하면 기쿠치 씨가 시코쿠(四國)의 어느 여관에 묵었을 때 도깨비를 보고 놀란 적이 있다고 한다. 그래서 고바야시 씨가,

　"도깨비는 정말 있습니까?"

하고 물었더니 기쿠치 씨가 대답하기를,

　"있다 없다는 것은 의미가 없습니다. 나왔다는 것만으로 충분하지 않습니까?"

　바로 이런 사고는 화교들의 발상과 일맥 상통한다. 문단의 대가(大家)로 손꼽히는 기쿠치 관 씨는 사물을 논리적으로 명쾌하게 생각하며 합리적, 현실적으로 처세할 수 있었던 사람인 것 같았다.

　경제적으로 닥쳐올 장래의 보이지 않는 호황·불황에 대해 서로 논박을 한들 끝이 나지 않는 것이다.

　기업의 세계에 있어서도 현실에 부딪치는 일들을 분석하여 대책을 결정해야 할 것이다.

화교들은 쓸데없는 가정(假定)을 좋아하지 않는다. 일어난 현실을 그 시점에서 풀어간다.

물론 장래성을 보지만, 처리는 그때그때의 현실에 입각하여 유연성을 갖고 대처해 나간다.

현실은 정말 냉혹한 것일까? 아니다. 현실은 정직한 레지스터(자동 금전 등록기)와 같은 것으로서 아무런 준비없이 모험을 한 딸에게는 임신을, 공부 안 하는 학생에게는 낙제를, 능력없는 경영자에게는 도산을 …… 하는 식으로 틀림없는 '계산서'를 가져다 줄 뿐이다.

현실은 우리들에게 악의를 갖고 있지 않다. 그렇다면 우리들도 악의없이 현실을 그대로 받아들이면 되는 것이다. 낙관도 필요 이상의 비관도 판단을 그르치는 요인이 될 것이다.

장사가 착착 순조롭게 진행되고 있을 때 누구나 눈앞의 현실을 분석해 보면, 깜짝 놀랄 만한 함정과 맹점을 알아차리게 되는 것이다. 그렇게 하여 장래의 발전을 보다 착실하게 설계할 수 있는 것이다.

반대로, 불리한 현실 앞에 처했을 때 위협을 느껴서는 안 된다. 무서우니까 도망을 친다거나 의식적으로 눈을 감아 버리는 동안에 결국 사태는 돌이킬 수 없을 정도로 악화된다.

불리한 현실이더라도 철저하게 지금 처한 조건을 감안한다면 그것을 유리하게 전화(轉化)시킬 수도 있는 것이다.

실제로 어려움을 겪는 동안에 약간의 힌트가 계기가 되어 훌륭한 역전의 홈런을 날린 예도 적지 않다.

가령, 퇴각하더라도 피해를 최소한으로 줄일 수가 있다. 그런 것은 화교들만의 독특한 것으로서 나중에 재출발의 여지를 남겨 놓은 채 '빨리 도망치는 것'도 현실의 불리함을 확실히 내다보고 비로소 할 수 있는 곡예인 것이다.

자기의 신념으로 나아가야 한다. 도깨비가 나왔으면 나온 것으로서 된 것이며, 자기가 본 것이면 그것으로 족하다. 그러므로 거기에서 출발하면 되는 것이다.

55

돈벌이의 장소는 '여기뿐이다'라고 생각하지 말라

결혼식날 밤에 신부에게,

"난 아시아 단위로 크게 생각할 테니, 일본의 총리 대신이 죽었다는 일 정도로는 나를 깨우지 말아요."

라고 말한 친구가 있었다.

그 말을 들은 어느 남자가 자기 마누라에게 그 이야기를 하며,

"나도 이제부터 아시아 단위이므로 그렇게 부탁해."

하고 말했더니 말이 떨어지기가 무섭게,

"당신 머리가 어떻게 된 것 아니예요."

하는 핀잔을 들었다고 한다.

그렇지만 이런 '명언'을 토로한 칸베 사다하루 씨(요코하마의 양식 체인인 '小四' 상사의 사장)는, 실은 화교들과 시종 접하고 있는 동안에 그런 웅대한 생각을 갖게 된 것 같았다.

사실 화교들의 발상에는 국경 같은 장애물은 없다.

원래, 고국에서 내쫓기다시피 나와서 아무런 보호도 보장도 없이 자수성가한 선인(先人)들의 뒤를 잇는 사람들이다.

172

북극, 남극을 막론하고 세계의 끝이라도, '야자나무 한 그루가 있으면, 화교가 3명 있다.'고 할 정도로 진출하고 있다.

"여기가 아니면 싫다."

라든지 엄마 곁이 아니면 하는 옹졸한 생각은 갖지 않는다.

옛날부터 '동경이 싫으면 나고야가 있어요.'를 실행하고 있다.

"우리들이 가는 곳이 '중화(中華)'의 나라이다."

라고 하는 사상이다.

조금이라도 조건이 좋은 곳, 흥미진진한 화제 거리가 있으면 가령 몇만 킬로가 떨어져 있다고 하더라도 주저하지 않고 이동을 개시한다. 그렇다고 해서 실증을 잘 내지도 않는다. 그 뿐만 아니라 보기에도 딱하고 애처롭게 생각될 정도로 인내력을 발휘하는 것이 화교들이다.

그 인내가 끝장을 보지 못하면, 일본 사람 같으면 옥쇄주의(玉碎主義)로서 사라져 버릴 것을 그들은 일보 직전에서 멈추고 별천지를 찾아서 이동하여 처음부터 다시 시작한다. 그렇게 하여 자기의 뜻을 이룩하면 거기에 영주(永住)하며 뼈를 묻는다.

또한 보험에 드는 셈치고 가족과 친척을 의식적으로 세계 여러 나라에 흩어지게 하는 수도 있다. 딸이 3 명, 아들이 2 명 있으면 딸은 샌프란시스코, 싱가포르, 마닐라로 유학을 보내거나 시집을 보내고(물론 상대는 화교), 아들 1명은 일본에 두고 1명은 유럽의 중화 요리점에 살도록 하는 식이다. 그리하여 세계 각국에 경제적 거점을 만들어 돈을 저축함과 동시에 위험을 분산시킨다.

만약 당신도 해외 여행을 나갔을 때, '만약 여기에서 산다고 가정하면 어떻게 하면 돈을 벌 수 있겠는가?' 하고 자문 자답해 보기 바란다.

56

국내에만 눈을 붙들어매지 말라

가령, 한 사람을 골라서 불쑥 낯선 이국땅에 내보냈다고 하자. 어느 나라에 거주하든지 그 땅에 친숙해지며 늠름하게 살아가는 생활력에 있어서는 역시 단연코 중국인이 첫째일 것이다. 국제인(코스모 폴리탄)의 요소를 태어나면서부터 갖추고 있는 것 같다. 상당히 저변(低邊)에 가까운 사람이라도 그 자질을 가지고 있으니 불가사의하다.

재일 화교의 지도 계급 중에 뛰어난 국제적인 시야의 소유자가 있는 것은 어쩌면 당연한 것이다.

그 사람을 빼놓으면 화교에 대해서 말할 수 없다고 하는 대가인 임이문(林以文 : 대만 무봉 출신)씨는 신주쿠, 시부야, 이케부쿠로에 종합 레저 빌딩 '지구회관(地球會館)'을 설립하고 있는 것을 비롯, 혜통 기업 그룹의 총재로서 혜통 상사(惠通商事), 혜통 관광(惠通觀光), 혜통 부동산, 혜통 건설 등 수많은 회사를 군림했던 두목 기질이 다분한 사람이다.

일본은 물론 동남아시아, 미국의 정치가, 재계 인사와 교제가 있었으며 큰 인물로 높이 평가받았다.

한편 신주쿠에서 경연극의 중심지 '무랑루즈'를 경영하고 있는 예능, 스포츠 애호가인 미소라 히바리, 가네다 세이이치 등과도 친분이 두터웠다.

임이문 씨는 여가만 생기면 입 속에서 무언가 중얼거리고 있었다. 자세히 들어 보았더니 그것은 영어 아니면 북경어였다.

전쟁이 끝난 후, 대중들 앞에서는 북경어가 표준어로 되었으나 대만 출신인 임씨는 본디 대만어와 일본어로 말했다.

40세를 넘어서부터 독학으로 북경어와 영어 공부를 시작한 것이다.

도경의 명유회관(明裕會館 : 빌딩 임대업 경영)을 경영하는 채명유(蔡明裕)씨는 1968년 세계 화상 회의(世界華商會議)가 동경에서 개최되었을 때,

"세계 화상 은행을 만들어라."

하고 강력히 제안하였다. 후에 실제 행동으로 옮겨, 현재는 홍콩과 스위스를 근거지로 하여 '세계 화교 신탁 공사(世界華僑信託公私)'를 만들어 세계 화상 은행 설립의 첫발을 내디디었다.

채씨는 장인이 M은행의 런던 지점장을 역임했던 적도 있고, 자기도 대만 대학의 상과를 졸업한 기초가 있어 금융에 일가견을 가지고, 30세를 갓 넘었을 때에 한번 합작 회사를 만들어 실패하는 등 패배의 쓴잔을 마셨지만 좌절하지 않고 도전하여 마침내 1984년 미국 로스앤젤레스에 세계 화상 은행이 정교한 모습으로 완공되었다.

57

때로는 '몰법자(沒法子 : 하는 수 없지 뭐.)' 정신으로 나가라

느긋한 중국인이지만 근면한 점에서는 정평이 나 있다. 쉬지 않고 노력하며 피땀을 흘리면서 기초를 닦으려고 한다.

화교는 반면 '자기 분수를 안다'는 정신이 철저하다. 자기의 분수를 잘 알고 있어 어느 선에까지 가게 되면 그만둔다. 일종의 운명주의자이며, 불가능한 것에 대해서는 더 이상 신경을 쓰지 않고 깨끗이 단념해 버린다. 미련 따위는 두지 않는다.

화교들이 갖는 융통성(여유)은 노력에 의해서 배양되며, 그 배후에는 분수를 지키는 정신과 불가능한 일은 미련을 갖지 않고 단념하는 정신이 있는 것이다.

1천 년, 2천 년의 역사를 보면 허황된 꿈을 갖고 권세를 제마음대로 휘두르던 왕조는 반드시 망하였다.

"50년이나 100년이나, 다소 차이는 있지만 천 년이 지난 뒤에는 별 차이가 없다."

라고 화교들은 마음속으로 생각하고 있다.

그들은 끊임없이 이익의 추구를 위해 머리를 쓰고 있으나 그 반면, 가령 모든 것을 잃어버려도 하는 수 없다고 생각하고 있다.

긴 역사의 흐름으로 보면 어떻다고 말할 수도 없다. 결코 오랫동안 나쁜 기억을 머리에 담아두거나 사람을 원망하지 않는다.

더구나 조국을 떠나 아무런 원조도 없이 바람에 날리는 민들레의 씨앗처럼 낯선 나라로 날아가는 것이다. 그러므로 야성적이고 강한 생활력을 가지고 있다.

의식주의 생활에서 결혼, 장사에 이르기까지 모든 일을 자기 혼자 힘으로 해 나간다.

설령, 부지런히 쌓아올린 자기의 성(城)이 사회 정세의 변화 등으로 하루아침에 허사가 되었다 하더라도 미련을 버리고 포기하면 된다고 생각하고 있다.

하룻밤이나 이틀 밤 정도 식구들에게 말할는지 모르겠으나 그것으로 깨끗이,

"그 이야기는 이제 끝내자."

하며 선언하고는 그 이후 두 번 다시 입밖에 내질 않는다.

일본 사람들처럼 20년이고 30년이고,

"전쟁으로 불타버린 나의 집은 넓고 훌륭해서 살기가 좋았단 말이야."

"전쟁에서 돌아가신 남편이 살아 있었다면 이런 생활을 하지 않을 텐데……."

하는 등 과거에 연연하며 자살을 기도하는 어리석은 행동은 하지 않는다.

하루하루 살아가는 동안, 그 뒤안길에는 인간의 힘으로 어떻

게 할 수 없는 한계가 있다는 것을 알고 있기 때문이다.

그렇게 인정해 버리면 회사 한두 개가 망하거나 부도가 나더라도 또한 실연을 당하더라도,

"하는 수 없지 뭐."

하고 마음의 평정을 유지할 수가 있는 것이다. 그 마음의 평정이 다음으로 새롭게 전환할 수 있는 근본인 것이다.

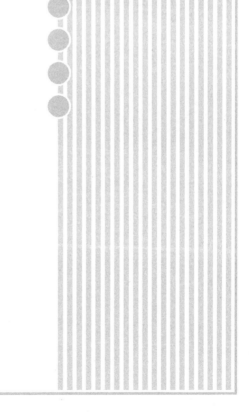

제3장
'돈'과 '운'을 불러들이는 삶의 비결 – 사용한다

58

아이들은 다기(多岐)·다양(多樣)하게 진출시켜라

중국 요리점의 아이들이라고 요리 관계의 일에만 진출시킨다고는 할 수 없다. 그 아이의 재능·자질을 확실히 알아서 진로는 부모가 조언을 하고, 최종적으로는 아이들에게 결정하도록 한다.

'5사(五師)'라고 하여 교수(교원), 의사, 변호사, 회계사, 건축사의 길은 머리가 좋고 공부만 잘하면 진출할 수 있으며, 또한 그 화교가 거주하는 나라에 따라서는 부유한 사람의 패스포드인 것은 이미 오래 전부터 알려져 있다.

'회계사'는 세무사, 경영 '건축사'는 설계사, '의사'는 치과 의사, 수의사, 의학 평론가 등도 포함되어 있다.

요코하마 중국인 거리의 광동 출신인 빙국흥(湾國興) 씨도,

"사해일가(四海一家), 세계는 하나로서 이제부터 젊은이들이 진출할 길로서는 이 5사(五師)의 길만이 지도자가 되는 길이다."

라고 말해 왔다.

그러나 모든 아이들을 5사의 길로만 보내지 않는다. 아무리 재산이 있어도 요리점을 잇게 할 생각이면, 고등학교 정도로 중단시키고 일찌감치 타 점포로 견습을 보내거나 자기 점포에서 일을 가르친다.

그것을 '이곳 대학' '자기 집 대학'이라고 칭한다.

"아들은 어떻게 해요, 어느 대학에 가게 되었지요?"

라고 물으면,

"이곳 대학으로 왔어요."

라고 대답한다.

상대방이 다른 나라 사람 같으면 한순간 어리둥절해진다.

즉 자기 곁에 두고, 언제 부모가 죽더라도 곤란을 당하지 않을 정도의 기술과 상법을 교육시키는 것이다.

화교들은 여건만 허락된다면, 아이들을 될 수 있는 대로 많이 낳는데 그 아이들을 의식적으로 다기·다양하게 진출시킨다.

진학만 하더라도 한 명은 중국인 학교, 한 명은 미국 학교에, 또 한 명은 일본인 학교 하는 식으로 여러 가지 가능성을 남겨두는 케이스가 적지 않다.

유학과 취직만 하더라도 미국, 싱가포르 홍콩에 간 형제 중 한 명이 중국 대륙으로 간다는 식으로 현실의 일보다는, 미래를 꿰뚫어 보고 있는 것이다.

그러므로 일시적으로 아이들끼리의 가치관과 사고 방식의 차이가 있더라도 가만히 지켜보고만 있다.

59

휴전은 하더라도 쉽게 화해는 하지 말라

화교들끼리 무언가 분쟁이 있어서 오래 끌고 있을 때에도, 누군가가 다른 사건으로 거주국 사람과 분쟁을 일으켰을 경우, 동료들끼리의 분쟁은 한동안 휴전 형식으로 하고,

"의당히 힘을 합쳐 그 외부 사람(외국인 등)과 싸우자."

라고 하며 공동 전선을 펴게 된다. 경우에 따라서는 세력을 모으기 위해 다른 동료들도 동원한다.

고국, 특히 출신 성(省)이 같은 사람들을 더욱 신용했다. 외부 사람(외국인 등)이 포함된 파티 같은 곳에서는, 다투고 있는 상대와 얼굴을 마주치더라도 아무 일도 없는 것처럼 서로 악수를 나눈다.

지정석을 만들지 않고, 오는 순서대로 앉게 되는 결혼 피로연 같은 데서는 한 테이블에 분쟁 당사자가 마주앉게 되는 경우도 있다. 사정을 아는 사람 같으면 어색하겠지만, 의외로 당사자들은 건배를 외치면서 태연하기 짝이 없다. 아는 체하는 외부 인사가,

"그런데 저 두 사람은 냉전중이라고 들었습니다만……."

하고 화교에게 물어본다.

"글쎄요, 그렇지 않은데요."

하고 시치미를 뗀다.

"두 사람의 개인적인 문제와 오늘의 결혼을 축하하러 온 우리와는 별도이다."

라고 분명하게 선을 긋고 있기 때문이다.

두 사람일에, 남까지 끌어들이면 체면이 손상된다고 생각하고 있다.

그러면서도 다투는 상대에게 쉽게 용서하지 않는다. 서로 집요하기 때문에 중간에 제 3자가 개입되더라도 해결하지 못하는 경우가 허다하다.

이 일은 동경에서 일어났던 사건이다. 연회장에서의 A씨의 말이 지나쳐 B씨의 일신상의 일에까지 미쳐 B씨는 그것을 곡해하여(A씨의 의견에 의하면) 화를 내며, 즉시 취소를 요구함과 동시에 관할 경찰서에 '명예 훼손'으로 고소를 했다. 그리고 해를 넘겨도 취하하지 않았다. 그 동안 두 사람은 같은 업자이기 때문에 여러 모임에 모여서 얼굴을 맞대거나 때에 따라서는 상용(商用)에 관해서 이야기를 듣는 때도 있었다.

"그렇다면 이젠 화해해도 되겠지."

하고 일본식으로 생각한 경찰서장이 개입하여 화해를 시키려 했지만 쌍방 모두 '어중간한 결말은 좋지 않다'며 단호히 거절하였다.

한번 삐뚤어진 문제는 그 문제가 생기게 된 원인이 제거되지 않는 한 해결되지 않는다. 그런 상태에서 '화해'해 버리면 화교 동료들로부터 경시당하여 대개는 사업에서도 외면당하기 때문이다.

60

아이는 전학시키더라도 아무렇지 않다는 마음을 가져라

에스컬레이터식인 학교는 그것이 절대적인 기회 균등, 문호 개방이 되어 있으면 몰라도 일부의 계층과 금전, 연고로서 자유롭게 된다고 한다면 그 악영향은 이루 말할 수 없는 것이다.

초등학교에서 대학원까지 있는 학교에서는 일단 그 학교에 들어가기만 하면 특정한 학과를 지망하지 않는 한 저절로 최고학년까지 가게 되는 것이다.

"그것은 온실에서 자랐거나 단순하게 뭉친 사회에서만 적용하게 된다."

라는 것이 화교들의 사고 방식이다.

가령, 에스컬레이터 식으로 갈 수 있는 학교에 들어갔어도 중학 진학 때 다른 학교로 옮기고, 또 고교에 들어가게 되면 다시 다른 학교로 전학시키는 경우가 많다. 왜 그런 쓸데없는 짓을 하느냐고 화교에게 물었더니,

학교를 바꿀 때마다 새로운 친구들이 생겨서 이 애가 장사를 시작하게 되면 많은 도움이 될 거예요."

라고 말하기 때문에 우리들은 손을 들고 마는 것이다.

집안에 아버지의 전근 등으로 하는 수 없이 전학을 할 때마다,

"친구들이 생기지 않으니까 학교에 가기 싫어요."

라고 하면서 등교 시간이 되면 열이 나거나, 끝내는 아이들 때문에 아버지 쪽에서 직장을 옮긴다고 하면 될 일이겠는가?

선천적으로 사교성을 갖고 태어난 화교의 아이들은 학교가 바뀌더라도 적응을 잘해 가면서 점점 교제권을 넓혀 간다.

당연히 동급생인 동창생이 늘어난다. 그것이 사회에 나가서 장사를 할 때에 도움이 된다는 것을 믿고 있다.

재일 화교들의 진학 코스에는 우선 중화 학교, 일본 학교 및 영어로 교육하는 학교 등이 있다.

그것은 초, 중, 고, 대학교로 나누어져 여러 가지로 조합해 보는 것이 보통이다.

이제까지 보편적 케이스는 우선 초등학교를 중화학교로 하여, 모국어와 중국 사정, 국민 의식을 주입시키고, 일본에 살고 있는 이상 일상 생활, 텔레비전이나 일본 사람과의 접촉 때문에 회화를 위해 싫어도 일본어를 외운다. 그리고 중학교에 진학할 때에는 일본학교로 옮겨서 일본어를 완벽하게 한다.

그런 다음 고교는 영어를 사용하는 학교로 진학한다. 그래서 중국어, 일본어, 영어를 읽고 쓰고 회화도 훌륭하게 마스터하여 미래에 대처하는 최고의 강점을 갖게 된다.

이 조합을 마치 야구 감독이 9번까지의 타순을 정하는 것처럼 그 시대의 흐름과, 개인의 능력, 가정의 사정 등에 따라 학교의 순번을 극히 유동적으로 적절하게 정한다.

61

아무리 어렵더라도 부모의 장례식은 훌륭하게 하라

중국인들은 스스로 의식하지 않음에도 불구하고 다분히 숙명
론자이다. 홍운(紅運) 또는 호운(好運)이라든지 배운(背運) 또
는 불운(不運)이란 말을 자주 하며 만약 나쁘더라도,
"시아적 운기(是我的運氣 : 이것이 나의 운명이다.)"
라고 말한다.

점술(占術), 무술(巫術), 복무술(卜巫術)에 끌려 원칙적으로는
조상이 묻힌 땅에서 죽어 자기도 그곳에 묻혀야겠다는 염원을
갖고 있다. 그리고 그곳에서 힘차게 일하는 자손들의 모습을 땅
속에서 지켜봤으면 하고 생각한다.

효(孝)의 가장 근본은 조상 숭배이다. 맹자의 가르침에도 최
대의 불효는 자손이 없는 것이라고 했다. 그것은 조상의 제사를
지낼 수 없기 때문이다.

부모의 장례식을 성심껏 치르는 것도 효의 최대 요소가 된다.
그 때문에 장례식을 위해 부동산을 모두 팔았다는 화교도 있을
정도이다.

그리고 정연하게 상복을 입는다. 옛날에는 부모의 묘 옆에 움막을 치고 복상 중에는 그곳에서 지냈다고 한다.

'고향에는 비단으로 장식하지 않는다'고 하는 의지를 가지고 외국에서 일하고는 있지만, 마음 밑바닥에는 공명을 세우게 되면 고향에 대하고루(大廈高樓)를 지어 조상의 사당과 분묘를 지키면서…… 하며, 이런 꿈을 그려보지 않는 자는 없다고 말하고 있다.

장례식은 전통에 따라 밤을 새워 성대히 거행한다, 때에 따라서는 수일에 이르는 경우도 있다. 부모의 장례식을 제대로 치르지 못하는 사람은 큰 불효로서, 따라서 타인에게도 신용을 잃게 되어 좋은 거래선이 생기지 않게 된다.

차곡차곡 모아온 돈을 아낌없이 부모의 장례식에 다 써 버린 청년 화교가 있었다. 그 부모를 생각하는 두터운 마음씨에 감복하여 생각지도 않은 스폰서가 나섰다.

"돈은 얼마든지 대 줄 테니 무엇이든 하고 싶은 것이 있으면 시도해 봐요. 그만한 효행심이 있다면 무엇이든 잘해낼 수 있을 것 같아요."

하며 밀어 주었다.

그것이 인연이 되어 그는 승승장구 사업을 넓혀 갔다. 그러나 처음부터 그러한 요행을 노리고 성대한 장례식을 치른다는 것은 사도중의 사도(邪道)라는 것은 두말할 나위도 없는 일인 것이다.

인간은 누구나 나이가 많아지면 사후(死後)의 세계에 대해 생각한다.

"내 아들은 대체, 내가 죽으면 어떻게 해 줄 작정일까?"

188

등과 같이, 부모가 불안해하면서 말한다면 가령 현재의 사업
이 잘 되어 갈지 의문이다.

그것에 대해서는 부모와 의논할 수도 없고 또한 말로만 얼버
무릴 수만은 없는 일이다.

62

부모에 대한 불효는 가난뱅이의 시작으로 알아라

화교들의 아이들은 부모에게 효도한다고는 듣고 있었지만, 고교생 정도가 되면 벌써 사고의 판단이 예민해진다.

만약 부모님 중 어느 한 분이 돌아가시게 되면 남은 부모에게,

"차 마실 친구라도 사귀어 보는 게 어때요?"

하고 진실로 권한다고 하니 참으로 도량이 넓다. 일본 같으면 그 정도의 나이로 가령 혼자 남은 모친이 새아버지와 맺어졌다고 한다면 아들은 가출을 하고 딸은,

"나 죽어 버릴 테야."

하면서 꼬인 생각을 하지 않는다고 장담할 수 없을 것이다. 자기 위주여서 자기만이 깨끗하려고 할 것이다.

아무리 이상론(理想論)을 외치더라도 인간미가 결여되어서는 탁상 공론에 불과하며, 인간성을 파악하고 있지 않은 것이다.

화교는 아직도 대가족 제도의 영향이 남아 있으므로 부모들이나 아이들을 자기 위주로 보지 않고, 대가족 속에서 바라보는 습관이 있다. 또한 상대방의 입장이 되어 생각하기도 한다.

그러므로 어린 나이에도 불구하고 도량이 넓은 것이다.

부모의 욕구 불만이 응어리가 되어 쌓이면, 일이 순조롭게 진행될 리가 없다. 그렇게 되면 나아가서는 한집안과 아이들 그리고 자신까지 망치게 된다는 것을 헤아리고 있는 것이다.

더구나 이런 것에는 차원 높은 에고이즘이 적용되고 있는 것이다.

고교 2년생이 되는 외아들과 살고 있는 동경의 화교 미망인은 그 아들이,

"엄마, 남자 친구를 사귀어도 좋아요."

라고 말했을 때는 참으로 기뻤다고 말했다. 진실된 얼굴로 말하는 아들의 표정에 이해와 애정이 넘쳐 있었다고 눈물을 글썽이며 말해 주었다.

물론 그녀는 자신의 아들이 그렇게 말했다고 해서 남자 친구를 만들 의향도, 재혼할 생각도 전혀 없었다고 말했다. 오히려 그런 말을 듣고부터는 아들이 한층 사랑스러웠으며,

"이 애를 위해서도 혼자 그대로 있어야겠다."

하고 마음이 반대로 가다듬어졌다고 한다.

나이 어린 아들이 엄마의 참된 행복을 바라며, 인간으로서의 엄마를 인정하며 존경하려는 마음가짐이 훌륭한 것이다.

부모에게 효행을 한다는 것은 그 집안 내에만 국한되는 것이 아니다. 그것은 깊은 인간적 이해와 세상에 비쳐지는 그대로를 날카롭게 직시할 수 있는 마음을 어릴 때부터 배양해야 하는 것이다.

그러한 이해력이 있어야만 상전(商戰)에 있어서도 상대편을 알고 세상 돌아가는 것을 알고 핵심을 찌를 수 있는 활동이 가능한 것이 아닐까 생각된다.

63

돈은 찔끔찔끔 쓰지 말라

'남자는 한판 승부를 걸어라'고 말하지만 좀처럼 실행하기 어려운 것 같다.

소액 자본으로 성공해 봤자 이윤은 뻔하다. 한 곳에 모여야만 파괴력을 가지며 건설할 수 있는 능력이 생긴다. 산발적으로 몇 번이고 쏘아봤자 표적이 떨어지지 않으므로 이때다 할 때를 위해 힘을 비축해 두어야 한다.

'동능약품(東菱藥品)'은 종합 메이커로서 동경의 오오모리, 오찌아이 등에 4 개의 공장을 가지고 있으며 종업원도 많다.

사장인 첨준요(詹俊耀)씨는 대만에서 도일(渡日)한 지 30여 년밖에 되지 않았다. 거의 아무런 연고도 없이 이처럼 성공하였다. 재일 화교들 중에서는 신장율이 제일이라고 한다.

전쟁이 끝난 직후의 광란과 노도의 시대라면 몰라도, 그 동안에는 자국에 살고 있는 일본인들마저 돈벌이가 될만한 것은 발견하지 못했었다.

첨씨는 대북(臺北)에서 약국을 경영하고 있었다. 사정이 있어 일본에 건너왔을 때에는 약간의 돈 외에는 아무런 성산(成算)도 없었다. 긍정적인 이야기를 해 주는 사람도 없었지만 자포자기하지 않았다.

"몽땅 투자하여 무언가를 해 볼까?"

하고 약간의 계획을 세우다가도 초조한 마음을 억누르고,

"아냐, 좀더 나에게 꼭 맞는 것이 틀림없이 찾아올 거야. 틀림없이."

하며 기다렸다. 그리고 낭비는 억제했다. 그때, 위장약으로 스위스의 새로운 신약 솔꼬·세릴이 극동 지역 대리권을 사지 않겠냐는 제의가 들어왔다. 그것은 약에 대한 지식이 없이는 손댈 수 없는 것이었다. 그러나 마침 약에 대해 잘 알고 있었기 때문에 '이거다' 하고 있는 돈을 모두 투자하여 대리권을 샀다. 그것이야말로 성공의 길을 트는 계기가 되었으며, 또한 그때를 놓치지 않고 자기에게 주어진 기회를 십분 활용하였다.

일본 사람들처럼 약을 좋아하는 사람이 없다. 또한 서양약이라면 사족을 못썼다. 게다가 식료품들이 넘쳐 미식(美食), 다식에 익숙해진 국민들이 위장약과 친해질 수밖에 없었다. 그러므로 신제품이 쇄도했다.

이윽고 트랜지스터, 컴퓨터, 건축 자재, 이탈리아의 술의 양조에까지 손을 뻗쳤으며, 최근에는 카세트 테이프 레코드에도 손을 대어 전 수출액이 연간 300만 달러나 된다고 한다.

화교로서는 드물게, 처음부터 생약업(生藥業)을 겨냥하여 성공한 것은 그의 견식도 있었겠지만, 대리권을 잡을 수 있을 만큼의 돈을 모아서 지니고 있었기 때문이다.

돈을 모아서 써라. 그것은 투자에서뿐만 아니라 돈을 사용하

는 방법 전반에 공통되는 원칙이다.

우리들 같으면, 돈이 약간만 모여도 이것저것 쓸 궁리를 하여 어렵게 잡은 새끼호랑이를 무의미하게 없애버리는 것이다.

돈은 뭉치면 뭉칠수록 강력해지며 언젠가는 유효한 사용처가 나타나는 것이다.

남자라면 한판 승부를 걸 용기와 그 기회를 기다리는 강인한 끈기를 가져야 하는 것이다.

64

급히 서둘지도 말고 쉬지도 말아라

보편적인 화교 상법의 일례를 보면 부부가 함께 돈을 벌어서 최하급 아파트의 방 한 칸에 살면서 목표액을 정한 뒤 열심히 일해서 어느 정도 시일이 지난 후 고급 맨션 한 채를 샀다고 하자.

그런데 그들은 곧바로 맨션으로 이사를 가지 않는다. '자기들은 맨션을 가지고 있다'는 자신감과 자부심을 바탕으로 그 여력을 빌어서 수입을 더욱더 늘리기 위해 그들은 여전히 싼 그 방에서 살고 그 새로 구입한 맨션을 세를 주어 그 집세를 받아 다음 맨션 구입에 열을 올린다.

그리고 어느 정도 모으면 제 2의 맨션(그것은 대개의 경우 먼저 것보다 고급인 것을 산다)을 산다.

그때도 그들은 그 제2의 고급 맨션으로 이사가지 않는다. 고급 맨션은 좋은 조건에 세를 준 후에 먼저 산 맨션의 계약 날짜 완료를 기다려 이사를 한다.

그리고 '그 다음에는 ○○'이라고, 전보다 높은 목표를 세워

○○년 계획을 달성하기 위해 몇 배 열심히 일한다.

그것은 화교들의 매우 보편적인 삶이며 보다 맹렬한 중국인은,

"그런 것은 너무 미지근해."

라고 말하는 사람도 틀림없이 있을 것이다. 일본 사람들 쪽에서 보면,

"바로 어제까지만 해도 밤에 메밀국수를 치고 있었는데 저렇게 훌륭한 빌딩을 짓다니 꿈 같은 기분이 든다."

라고 말했을 것이다.

화교들은 일단 목표를 정하고 전가족에게 명령을 내리면 그 선에 도달할 때까지는 중도에서 어떤 일이 있어도 변경하지 않는다.

일본인 같으면 거리에서 판매하는 리어카 상인과 빌딩 소유자 사이에는 몇 단계가 있기 마련이다. 약간이라도 돈이 생기면 무슨 클럽에 가입하여 배지를 달고, 여기저기 파티에 나가기 바쁘다.

아빠는 호스티스를 옆 좌석에 앉히고 드라이브하고, 엄마는 계 모임에 드나들며, 자선 사업 한답시고 여기저기 돌아다니게 된다.

그렇게 하면 빌딩은 고사하고 허름한 옛집으로 되돌아가지 않는다는 보장은 없다.

급히 서둘지는 않지만 쉬지 않는 것이 화교이다. 제 1관문에 이를 때까지는 생활 레벨을 바꾸지 않으므로 어느 시점에까지만 도달하게 되면 가속도적으로 목적에 가까워질 수가 있다.

어느 정도의 성과를 올려놓았을 때 바로 수준을 높이므로 그

때는 완전하게 그곳에 정착하는 관록도 갖추고 있는 셈이다.

자기 분수도 모르고 크게 노는 것과, 인색하게 돈을 모으는 것과는 근본적으로 다른 것이다.

당신의 평생의 목표가 단순히 자기 집 갖는 일만은 아닐 것이다. 집을 세울 수 있는 돈이 생기면 거기서 잠시 생각해 보기 바란다.

집을 지어 버리면 그것으로 끝나지만 이제까지 참아온 것을 조금만 더 기다리면 단위가 다른 돈이 들어오게 되는 것이다.

당신은 어느 쪽을 선택할 것인가?

65

조금 번창해졌다고 점포를 개조하지 말라

흔히 있는 일로서 건어물상, 잡화상 등에서 어느 정도 돈을 벌게 되면,

"한마디로 호화판 서양식 점포를 만들자. 그렇게 되면 나도 사장님이라고 손님들로부터 불리어지겠지? 아울러 당신도 아주머니에서 사모님이란 소리를 듣게 될 것이 아닌가?"
하면서 부부가 신이 나서 크게 개조를 했다. 그런데 멋있는 점포로 꾸밈과 동시에 손님들의 발길이 딱 끊어지는 경우가 많다.

취급하는 품목에 따라서는 어딘가 번잡한 곳이 손님들에게는 친숙감을 느끼게 하고, 부담없이 사러 올 수 있는 것이다.

그런데 어느 날, 그 점포가 일변하여 부담스러울 정도로 호화찬란해지면 머리부터 찬물을 맞은 것 같은 느낌이 들어 점포 사람들마저 갑자기 멀게 느껴진다. 그리고,

"아, 여기도 돈을 엄청 벌었구나."
하는 생각이 들면서, 지금껏 열심히 팔아준 자기가 바보같이 느껴지기도 하는 것이다.

198

그러한 사람의 심리를 잘 포착한 곳이 요코하마 차이나타운 큰 거리의 한가운데 있는 중화 요리점 'K'이다. 토요일, 일요일, 공휴일이 되면 점포의 통로에 줄을 서서 자리에 앉아 있는 사람들을 부러운 듯이 바라보고 있으며, 먹고 있는 사람들도 자랑스럽게 앉아서 먹고 있다.

돼지 족발, 닭고기, 순대 등을 쭉 걸어놓고 떠들썩한 내부는 걸어다니기에도 불편할 지경이다. 낡은 조리대, 조리품들이 마치 싱가포르나 홍콩의 뒷골목의 리어카를 연상하게끔 부담 없는 기분을 자아내게 하여 일품 요리나 면류가 한결 싸고 맛있게 느껴지는 것이다.

이 점포는 '전화가 없는 집'으로 선전되며, 선전 광고에도 그런 점을 대서 특필한다.

"우리 집은 배달을 하지 않으므로 전화가 필요 없습니다."

결국 배달을 할 시간이 없을 정도로 손님이 많은 것이다. 텔레비전은 물론, 냉난방도 되어 있지 않다. 따라서 여름철이 되면 고물 가게에서나 볼 수 있는 선풍기가 선을 보이며 돌아가고 있을 뿐이다.

그 점이 특히 마음에 든다는 손님도 있어, 흐르는 땀을 닦지도 않고 후루룩 소리를 내면서 우동을 먹기에 정신이 없다고 한다.

어느 화교는 이렇게 말한다.

"저런 점포일수록 돈을 많이 번다. 점포에서 일하는 사람들도 혈연으로 맺어져 있기 때문에 경비를 최소한으로 줄일 수 있고 증개축을 하지 않은 것이 인기를 지속하는 원인이 되기 때문에 더 이상 선전을 하지 않아도 손님들이 찾아와 준다."

66

자금이 모자라면 '합작'하라

화교들과 이야기를 하다 보면 어떤 화제라도 무언가 힌트가 잡히기만 하면 갑자기 말을 돌려,

"그것 함께 한번 벌여 봅시다."

하고 상대해 오기 시작한다. 의사나 변호사나 교사도 마찬가지이다. 반드시 상대편의 이익도 구체적으로 들면서 정말로 교묘한 화술로서 접근해 온다.

그러나 그때 곧바로 동조해서는 안 된다. 이야기하는 도중 단순히 올려진 것일 수도 있고 그저 맹목적으로 타진하는 수도 있기 때문이다.

상대편과의 친소의 정도도 있지만 친하지 않은 경우에도, 정하려는 생각이 있다면 그 장소에 함께 있었던 친구를 동석시킨다.

드디어 하기로 결정되면 돈이 많은 사람은 돈을 내고, 힘이 있는 사람은 힘을 내는 식으로, 반드시 자본력(資本力)의 비율만으로 분배 비율을 정해서는 안 된다.

상점 경영을 시작하려고 하면 계산에 능한 사람은 경리 담당,

구입하는 데 연고가 있는 사람은 구입 판매 담당, 얼굴이 알려져 있는 사람은 섭외, 됨됨이가 좋고 머리가 잘 돌아가는 사람은 지배인 하는 식으로 나눈다.

화교인 경우에 우선 향토적(鄕土的) 결합으로 발족하지만 일본 사람 같으면 어떻게 할까? 최근에 한창 떠들썩한 현인회(懸人會) 같은 학교 출신의 모임에서는 인척, 동창, 동호인, 전직장의 동료 등일 것이다.

어느 젊은 화교가 이렇게 말했다.

"일본의 사회가 전후에 이렇게 번영하고 있는 것은 우리들과 같이 혈연, 지연만으로 결합되지 않고, 정년제(定年制), 연공 서열로서 그것이 안전성을 보장하고 있기 때문이 아니겠는가?"

그런데 그 연공 서열이 마음에 들지 않으면 당신들은 중국식에다 일본의 풍습을 가미시켜 '합작(合作)'을 해 보는 것도 좋지 않을까?

다만 일본 사람들의 나쁜 버릇은 창업 당시에는 외부로부터 받는 고난이 크더라도 합작하는 사람끼리의 틈이 벌어지지 않는데, 약간 상승하여 경제적으로 여유가 생기고 이제 안심해도 된다고 생각할 때면 서로의 '아집(我執)'이 나타난다.

그러면 세력 다툼을 하게 되고, 마침내는 부하들 사이에도 파벌 같은 것이 자연 발생적으로 생긴다.

실제 당사자들과 본인들은 아무렇지 않더라도 부하나 지지자들이 생겨나서 마침내 대립이 본격화된다. 그리하여 끝내는 본체(本體)까지 위태롭게 되는 것이다.

"지나치게 결벽하다는 것은 좋은 일이 아니다."

라는 중국 속담이 있다. 그렇게 되면 모처럼의 '합작'으로 오히려 잘 되리라 생각하던 일마저 어긋나게 되어 버린다.

67

인생의 응용 문제에 강해져라

단조롭고 꿋꿋한 일본 사람에 비하면, 화교는 유연한 사고 방식이 큰 도움이 되고 있는 듯하다.

그들의 기본적 발상은 3파도(三把刀)이다. 3파도란 모두가 칼날(刀)을 사용하는 가업(稼業)으로 중화 요리, 양복, 이발의 3부문을 가리킨다. 그 3파도가 같은 지역의 동료 화교들 사이에 이미 과열 경쟁 기미가 보이면 미련을 갖지 않고 다른 지역을 선택한다.

특히 동남아시아의 원주민들은 느긋하고 낙천적인 인생관을 갖고 있으므로 그 간격을 메우듯 화교들은 열심히 인생 설계를 논한다.

남양 화교들 중에서 성공한 사람은 호문호(胡文虎)와 또 쌍벽을 이루는 진가경(陳嘉庚)이 있었다. 원래 진가경은 말레이시아에서 고무 사업으로 거대한 부(富)를 이룩한 사람인데 복건성의 동안현 집미라는 조그만 시골에서 태어나 맨주먹으로 남양에 건너가 하나의 조그만 사업으로 자금을 모은 다음에 차차

한 계단씩 올라가 끝내는 세계 굴지의 부자가 되었다.

그 진씨의 아래에서 7년간 일을 배운 다음 독립하여 고무회사를 설립한 사람은 이광전(李光前)이다.

후에 '아시아의 파인애플 왕'이 되었고, '고무 왕'과 합쳐 2관왕이라고도 전해졌다.

이광전은 1967년에 죽었으나, 그의 일생은 훌륭한 응용 문제의 연속이었다고 할 수 있을 것이다.

그 당시, 그가 말레이시아에 당도했을 때는 대선배인 진(陳)과 마찬가지로 아무것도 가진 것이 없었고 글자마저 읽지를 못했었다.

그러나 이씨는 육체 노동을 하면서도 틈틈이 읽고 쓰는 공부를 하여 어느 정도의 과정을 마스터하자 선하검사(船荷檢査)의 견습, 중국어 신문사에서의 번역 아르바이트, 중화 학교 선생을 도와주는 등 될 수 있는 대로 지식을 필요로 하는 일에 도전했다.

처음에 무보수와 마찬가지의 조력하는 일이라도 군소리 없이 임했다. 때로는 2, 3가지 일을 오전, 낮, 저녁으로 나누어 도전하였으며, 그 위에 잠자는 시간을 쪼개어 영어, 기타 기초 교양의 통신 교육 수강 등에 전념했다.

만약 배우지 못한 동료와 같은 레벨을 좋아하고 육체 노동 후에 오락에나 취미를 붙여 시간을 보내고 있었더라면 어떻게 되었을까? 뒷날의 2관왕 같은 것은 바라볼 수도 없었을 것이다.

태국의 화교 진씨는 태국 중부 지방에서 목재에 손을 댄 후에 방콕으로 나와 사람들이 눈독을 들이지 않은 제빙(製氷)에 손을 뻗쳐 확고히 재산을 모았다.

미국의 뉴욕, 샌프란시스코, 로스앤젤레스 등에서 세탁업에 종사하는 화교도 많으나 근대적 오토메이션을 일부러 사용하지 않고, 손으로 만든 멋으로서 손세탁이 인기를 얻어 성공하는 예도 적지 않았다.

이에 반해 유형의 기계화가 늦게 도입된 중남미 예컨대 아르헨티나 등에서는 미국에서 최신식 기계를 도입하여 '기계로서 승부'라고 하여 승리를 거두고 있는 화교 크리닝점이 눈에 띄게 많아지고 있다.

68

입장료를 지불한 것만큼은 웃어라

댄서들에게 예능 기자들이 '좋아하는 것은?' 하고 물었더니 모두가 한결같이,

"춤추고, 먹고, 읽는 것……."

하고 대답하는 것이었다. 젊어서 배가 쉬 고파지는 쇼 댄서들은 태어나면서부터 춤을 좋아한다. 그런데 요즘은 춤에 박력이 없어져 분장실에서 자거나 아니면 과자나 먹고 있는 지경이라 하며 한탄하는 사람도 있다.

그런데 한편, 예능인들에게 물어보았더니,

"손님들의 매너도 나빠졌다. 떠들면서 귤 껍질을 벗기거나 초콜릿 같은 것을 먹고 있다."

그런데 홍콩, 싱가포르, 말레이시아 등지의 조그마한 연극장 같은 데는 조용하질 않다. 극장은 욕구 불만 해소의 장소이다.

지정석에 앉으면 좌석 등 쪽에 표의 반쪽을 풀로 붙인다. 좌석이 만원이 되면 보조석이라고 하여 듣기에는 좋겠지만 사과 궤짝 같은 것을 갖다 놓고 앉게 한다.

그리고는 때를 만났다는 듯 판매원이 물건을 팔러 온다. 수박을 크게 썰어서 소금을 곁들여 온다. 그와 어울려 옆 사람과 큰 소리로 담소(談笑)를 하며 때때로 괴상 망측한 소리를 지른다.

무대에 열중하고 있는 손님들은 배우와 더불어 울고 노하며 기뻐한다. 그리고 박수를 치며 쌍스러운 소리를 외치고 그 사이에도 오징어와 같은 것을 씹고 있다.

그러다가 흥이 나면 무대에도 뛰어올라간다.

그것이 좋은 것이다. 그렇지 않으면 진짜 대중의 휴게실이라고 할 수 없다. 동경의 어느 조용한 영화관의 휴식 시간에 볼 수 있는, 뭐라고 말할 수 없는 퇴색한 분위기만큼 슬픈 것이 없다.

오사카의 극장에서는 가부키를 공연하는 막간에 간식을 먹는 손님이 끊이지 않으므로 연기하는 쪽에서는,

"웃는 시간이 너무 길어 견딜 수 없어요."

하고 불만스러운 듯이 입을 불쑥 내밀며 말했다.

공연하는 사람에게 실례가 되겠지만 친척의 장례식에 온 것도 아니고 자기가 하고 싶은 대로 시간을 보내면 되는 것이다. 정신 수양하러 온 것도 아니며 교양 향상과 비관 문학을 쓰기 위해 입장료를 내고 들어가는 것이 아니다.

마음껏 웃고 울고 그리고 속이 후련해져 그 극장에서 나올 수 있다면 그것으로 족한 것이다.

연출이 어떻고 연기가 어떻다는 등 평론가들이라고 칭하는 분들의 말에 현혹되어 마음대로 웃을 수 없었다고 화교들에게 말한다면 그들은 최고로 어리석은 짓이라고 할 것이다.

입장료를 지불하는 사람은 다름 아닌 당신 자신이다. 적어도 그 몫만큼은 웃어 본전이라도 찾고 와야 한다는 화교 특유의 발상도 터무니없이 무리한 것은 아니라고 할 수 있다.

69

한번 맺어진 '인연'을 쉽게 떼지 않도록 하라

집요하고 끈질기다는 것은 화교들의 큰 특성 중의 하나라는 것은 말할 필요도 없다.

그런 기질이 서비스 면에 나타나면 다음과 같이 된다.

부탁을 받고 무언가를 중개했을 경우, 사정보고는 물론 정중한 봉함 편지가 온다. 그리고 난 다음부터 가령 회답이 오지 않더라도 몇 년이고 크리스마스 카드나 연하장을 보낸다.

동남아시아 여러 나라에 가더라도 화교들이 경영하는 호텔이나 음식점, 기념품점을 이용하면,

"이젠 되었어요."

하고 소리를 지르고 싶을 정도로 그림엽서를 보내준다. 그리 자주 오는 손님이 아니고 2, 3회 이용한 손님도 마찬가지이다.

그런데 그것이 상업상의 도매상이나 메이커와의 거래가 되면 그 관계는 그리 호락호락한 것은 아니다.

한번 연고를 맺은 파이프라인은 무슨 일이 있더라도 놓치지 않는다. 그리고 노력을 게을리 하지 않는다.

더구나 가격은 변동시키지 않으며 또한 자기 주장의 기본선
도 절대 바꾸지 않는다. 일본 사람 같으면,

"몇 번이고 함께 술을 마셨기 때문에 마음도 통하고 상대편
에게도 이익이 있는 것이므로 이 정도면 되겠지."
하고 너그러워지는데 화교는 똑같은 페이스로서 밀고 나가므로
겁이 난다. 너그럽게 해준 일본 사람들은 근소한 차이라도 라이
벌에게 빼앗길 염려가 있기 때문이다.

그리고 가령 일본 사람이 무슨 이야기를 하거나 의뢰할 때,

"잘 되거든 나중에 이런저런 사례를 하겠습니다."
하는 조건으로는 화교들이 쉽게 수긍하지 않는다. 사례는 나중
에가 아니라 미리 하지 않으면 효력이 없는 것이다.

그리고 만약 그것이 무사히 끝났더라도,

"더 이상 이 사람과는 두 번 다시 인연이 없겠지."
하고 바로 눈앞의 이익만을 생각하고 내버려두면 생각지도 않
은 곳에서 악영향이 미치는 수가 있다.

화교의 세계는 사이가 좋든 나쁘든 간에 일체인 것이다. 정보
는 조용한 연못에 돌을 던진 것처럼 파문을 그리면서 퍼져 간
다. 더구나 그것은 화교들의 세계에서만 그치는 것이 아니다.
그것들은 여러 가지 형태로서 일본 사회와 교차하고 있다. 후에
있을 주의를 소홀히 한 탓으로 생각지 않은 방해가 생겨 다음
의 새로운 사업에 지장을 초래할 수 있다.

처음에 머리를 숙였을 때의 열의와 성실함을 언제까지 잊지
않고 애프터 서비스를 위한 시간을 항상 취할 수 있도록 해두
지 않으면, 도리어 한 번 거래로서 정신적인 부담을 짊어져 버
린 셈이 되어 언제 혹한 반대 급부를 당할지도 모른다.

상거래(商去來)란 그토록 엄격한 것이다.

70

구렁텅이에 빠진 자를 내버려두지 말라

패전이란 것을 모르던 일본 사람들은 제2차 대전의 패배로 인해 유사 이래의 대참변 속에서 망연해 있었다. 전쟁에서 승리한 나라와 그 국민들로부터 무슨 짓을 당해도 어떻게 할 기력조차 상실하고 말았다.

그러한 와중에서도 그전부터 알고 지내던 중국인들로부터 구원을 받았거나 보호를 받았다고 말하는 사람들이 적지 않다.

그때까지 현지인의 입장에서 보면 대일본 제국의 정부나 군복의 그늘에서 위세를 떨쳤던 일본인들은 나라에 따라서는 심한 학대와 수치를 당했다.

그런데 독특한 철학을 가진 일부 중국인들은 '승패는 전쟁의 상사(喪事)다. 아직 좋은 일이 있을 것이다.'하고 태도를 바꾸지 않았다고 한다.

중국 북부의 박산(博山)이란 마을에서 종전을 맞이한 전 중소기업 경영자인 H씨는 그 마을에 도저히 남아 있을 수 없었기에 15킬로미터나 떨어진 유일한 철도역인 제남(濟南)까지 잠동

사니를 짊어지고 5명의 가족들과 함께 걸어가야만 했다.

거기까지 당도하더라도 앞날이 어떻게 될지 도저히 예상할 수가 없었다. 겨우 목적지까지 도착하여 기약없이 열차를 기다리고 있는데 자기의 이름을 누군가 뒤에서 부르는 느낌을 받았다. 아무런 생각없이 돌아보았더니 왕씨가 숨이 끊어질 듯하면서 달려오고 있었다.

그는 같은 마을에서 상거래가 있었던 업자였다.

"그 돈, 갚으러 왔어요."

하며 내민 돈은 거래상 빌려 준 것으로 지금의 돈으로 3백만 원 정도의 돈이었다.

"오늘 갚지 않으면 평생 못 만날 지도 모른다는 생각이 들었어요. 그렇게 되면 나는 한평생 변절자(變節者)로서 보내지 않으면 안 되기 때문에 이렇게 뒤쫓아왔어요."

라고 말하며 돈을 내밀었다고 한다.

그 왕씨는 지금 홍콩에 있다. 일본에서 인생 재건에 성공한 H씨와 친교가 다시 시작되어 그 덕분으로 구렁텅이에 빠져 있던 왕씨도 다시 일어서게 되었다고 한다.

또 어느 전 특수 기관원이었던 Y씨는,

"종전이 임박해서 방콕에서 체포되었습니다. 사형수 감방에서 동료들이 차례차례로 처형되어 가는 것을 보고 있었는데, 그러던 때에 싱가포르에서 약간 신세를 졌던 화교인 M씨가 나에 대한 이야기를 듣고 방콕에까지 달려와서 구출 운동을 해 주었습니다. 그 덕분으로 죄가 한 등급 낮아져 일본에 돌아올 수 있었지요."

라고 한다.

Y씨는 지금 동경에서 무역상 옆에 사교 클럽을 개업, 싱가포르에서 무역상이 된 M씨와 서로 영업상 돕고 있다고 한다.

사회역연(死灰亦然 ; 꺼진 재도 다시 탄다)과 같이 구렁텅이에 빠진 자도 언젠가는 일어설 수 있는 힘을 간직하고 있다.

그 사람이 당신에게 없어서는 안 될 사람이 될는지도 모른다. 아무렇게 잘라버리는 것은 현명한 처세술(處世術)이 아닌 것이다.

종업원들의 생일을 기억해 두어라

고오베에 화교가 경영하는 나이트클럽 'K'가 있다. 어느 날 매니저 S씨(일본인)가 출근하여 아무런 생각없이 사무실을 들여다보았더니 근사한 생일 케이크가 마련되어 있었다.

'누군가 손님이 주문을 했거나, 그렇지 않으면 사장(경영자) 가족의 생일이겠지?'

라고 생각하고는 그대로 바쁜 일에 몰두하고 있었다. 그런데 사장이 부른다는 전갈이 와서 가 보았더니,

"조금 있으면 당신 부인이 이리로 올 거요. 실은 내가 할 일이 있어서 좀 오시라고 했소."라고 말을 하였다.

'대체 무슨 일일까?' 하고 매니저 S씨는 걱정이 되었다.

아직 점호 시간도 안 되었는데 전원 집합을 시키고 소집을 했다. 전 종업원이 모이자 사장은,

"지금부터 파티를 엽시다."

라고 하면서 이 파티의 주인공은 S씨라고 선언하였다.

여우에게 홀린 듯한 S씨가 중앙의 좌석에 앉자, 옆자리에는

부인까지 지정되어 앉았다. 이윽고 사장이 입을 열었다.

"오늘은 S씨의 생일입니다. 축하해요." 하질 않겠는가.

탁자에는 아까부터 본 생일 케이크가 놓여져 있었는데 자세히 살펴보니 그의 이름이 초콜릿으로 쓰여져 있었다.

자기의 생일을 까맣게 잊고 있었던 S씨는 깜짝 놀라 눈이 휘둥그래지며 이윽고 가슴이 쩡해졌다. 그리고 옆을 보았더니 부인도 눈물이 글썽해 있었다. 동료들을 비롯하여 모든 직원으로부터 축복을 받고 난 다음 사장이 말하기를,

"S군, 오늘은 쉬도록 해요. 지금부터 부인을 데리고 어디든지 좋아하는 곳으로 가요. 이것은 나의 명령이요."

중국말로 여러 사람들이 웃는 가운데 그렇게 말하고는 돈이 든 봉투를 내밀었다. 부부가 함께 나가 부인이 그처럼 가고 싶어하던 온천에 가서 푹 쉬었다.

"당신 그 사장을 위하여 열심히 일해야 해요."

그런 말을 부인에게 새삼스레 듣지 않더라도 '그 사람을 위해서라면……' 하는 기분이 되어 있었다.

S씨는 이제까지 그렇게 직장운이 좋은 편은 아니었다. 현재까지 두세 군데 직장에서 소위 제3국인 경영의 직장을 편력했으나 어디서든 무어라고 딱 꼬집어 말할 수 없는 이유로서 느닷없이 그만두게 되었다.

개중에는 돈이나 물건이 없어졌다고 하는 이유로서 몇 명의 종업원에게 혐의를 뒤집어씌워 S씨도 그 속에 포함된 일이 있었다. 그런 일로 그곳을 뛰쳐나온 적도 있었다.

지금의 사장은 전 종업원의 생일과 기호품, 취미, 가정 사정을 일일이 메모해 두고 있었다.

72

최대의 적은 자기가 일으키는 트러블이다

어느 재일 화교가 최근에 미국 사찰에서 돌아와서,

"미국인들 중에서 제일 범죄율이 적은 것이 중국계 시민이라고 신문에 나 있었습니다." 하고 자만하고 있었다.

일본 사람들은 원래 무조건적으로 공적인 일에는 공경하지만 화교들은 객관적으로 보아 시류에 따르는 것이다. 그러므로 쓸데없는 저항은 하지 않는다.

"국경을 넘게 되면 그 나라의 금제(金制)를 물어 보라."

라는 정신인 것이다.

요코하마 화교의 모친의 한 사람인 곽애자(郭愛子) 씨는 이렇게 술회했다.

"아이들에게는 어릴 때부터 우리들이 남의 나라에 와 있으니까 일본 사람보다 더 이 나라의 법률을 지키지 않으면 안 된다고 가르치고 있어요."

결국 타향에 가면 그 나라, 그 지방의 금제(禁制)를 잘 기억하여 절대 어기지 않도록 한다는 마음가짐인 것이다.

그만큼 신중하다는 것을 말해준다.

불필요한 마찰은 사업, 영업의 최대의 적이기 때문이다.

지방 행정 관청을 비롯, 세무서에 대해서도 자기의 주장을 지킨다. 그러나 일단 결정된 사항은 무조건 따른다는 것이 일반적인 생각인 것 같다. 대부분의 화교들은 가능한 한 정치적인 움직임을 피하고 중립성을 지키려고 한다.

"세금을 내더라도 정치에는 참견하지 않는다."
라고 하는 것을 모토로 하는 상인이 많으며 본업에만 전력 투구하면 된다고 생각하므로 자신의 장사만 철저히 하고 있다.

세금이 많은 것을 좋아하는 사람은 어느 나라 사람을 막론하고 있을 리가 없다. 그러나 결정되어 어차피 내야 하는 세금이면 일찍이 내는 것이 좋다고 생각한다.

그러므로 텔레비전 시청료에 대해서도 잔소리하는 것을 피하며 승산 없는 단체 행동은 취하지 않는다.

"모든 근본은 중국인이 갖는 효심(孝心)에 직결된다."
라고 요코하마에 살고 있으면서 최근에 부친상을 당한 갈효웅(葛孝雄) 씨는 설명한다.

부모에게 불필요한 걱정이나 누를 끼치는 것을 화교들은 가장 겁낸다고 게이오 대학 문학부 출신답게 고사(古事)를 인용하면서 담담하게 이야기해 주었다.

기분 전환으로서 도박을 좋아하는 화교도 주식이나 투기적인 사업에 모든 것을 투자하지 않는 것도 모두 양친을 마음속에 생각하고 있기 때문이라고 한다.

부모를 생각해서 불필요한 풍파를 일으키지 않고 묵묵히 장사에 몰두하는 것이다.

73

지갑을 보여 주지 말라

택시에서 내릴 때나 호텔의 보이에게 팁을 줄 때, 심한 경우에는 콜걸 앞에서 많은 돈이 들어 있는 지갑을 열어 보이거나, 지폐 뭉치를 내보이는 것은 아마도 일본 사람 외에는 없을 것이다. 돈을 내보이는 것은 조금도 자랑이 될 수 없는 것이다. 오히려 각종 트러블과 위험을 초래하는 계기가 되는 경우가 많다.

그러한 행동들은 자기의 다음 행동에 대한 준비가 부족한 것이다. 화교들은 경우에 따라서 마누라에게도 알리지 않고 돈을 감춰 놓고 있다.

외국 관광업자들의 말을 빌리면 대체적으로 일본인의 '멋진 점'은 어쨌든 외국 여행길에서 돈을 잘 쓰는 것과 어떤 일에 집요하지 않는다는 점이라고 한다.

시간을 소요해 가면서 물건을 깎거나 서비스가 마음에 들지 않는 경우에 크레임을 걸거나 팁을 일체 주지 않는 식으로 행동하지 않으며 택시나 레스토랑 등에서 거스름돈을 일일이 챙겨 받는 경우가 극히 드물다.

그런 점에 있어서 유럽인이나 화교들은 메뉴의 정가표와 조금이라도 차이가 있으면 납득이 될 때까지 캐묻는다.

일본의 레스토랑, 호텔, 음식점 등에서도 세금 때문에 외국인과 트러블이 일어나는 일이 종종 있다. 그러나 납득이 가면 뒤끝이 깨끗한 것도 그들이지만…….

그런 점에서 일본인 관광객들은 제대로 계산서 확인도 하지 않고 지불하거나 사인하여 나중에 로비에 앉아 계산해 보고는 고개를 갸우뚱하기도 한다. 그렇게 해 가지고는 잘못을 알았다고 하더라도 때는 이미 늦은 것이다.

또한 화교들이 놀라는 점은,

"일본 사람들은 은행에서 돈을 찾을 때에도 돈을 세어 보는 사람이 거의 없어요."

돈 계산에 베테랑인 은행측을 믿고 있기 때문인지 아니면 바빠서인지 태어날 때부터의 천성 탓인지.

그렇지 않으면 일본 사람들의 의식으로 보아 일일이 따지게 되면 수치심을 느끼거나 혹은 촌사람이란 낙인이 찍히는 풍습이 아직도 남아 있기 때문일 것이다.

또 나라에 따라서 값을 달리 붙여 장사하는 곳도 개중에 있다.

"돈이 있는 국민으로부터는 몽땅 받는 것이 당연하다."

라고 하는 발상법에 의한 것이라고 듣고 있다. '일본인 값'을 밀어붙이더라도 별로 항의하는 일 없이 지불한다.

그러나 일본인 중에도 빈틈없는 사람이 없는 것은 아니다. 낮에는 버젓이 동경의 회사에 근무하면서 밤에는 우에노의 '부랑자' 등과 한패가 되어 돈을 모았다는 S씨와 같은 예도 있다.

어떤 목표를 달성하기 위해 저축을 하고 있는데 그는 인터뷰

에 응하면서,

"사람을 믿어서는 안 돼요. 돈이나 귀중품을 보여 줘서도 안 돼요. 또한 불필요한 동료는 사귀지 않는 것이 좋아요."
라고 말하고 있다.

이것이야말로 진정한 화교들의 사고 방식인 것이다.

74
. . . . .

짠 물건과 귀신은 없는 것으로 알아라

중국인들은 자기가 물건값을 깎는 것은 당연하다고 생각하고 있으나 처음부터 싼 물건은 있을 수 없는 것이라고 경계하고 있다.

세상에는 그리 순조로운 이야기가 간단히 굴러 돌아다니지 않는다고 알고 있기 때문이다.

"싼 호피(虎皮)는 없다."

"싼 것은 비지떡이다."

라는 것을 몸소 겪어보고 익히 알고 있다. 향구사(香具師 : 축제 일에 장사를 하는 사람) 행상인들에게 바가지를 쓰고 만다.

그것이 가짜 악어 벨트, 가짜 금반지 정도의 피해라면 그래도 괜찮다.

'일확천금 이야기' '먼저 한 자(者)가 유리하다' 같은 유혹에 놀아나 신세를 망친 이야기를 마침 신문에서 읽은 적이 있었다.

"뭔가 좋은 일이 없을까?"

하고 매눈처럼 부릅뜨고 설쳐대는 세상에 그렇게 손쉽게 이익이 많이 남는 이야기는 있을 수 없는 것이다.

화교에게 극단적으로 '달콤한 이야기'로 유혹하려고 하면 우선 경계하며 의심한다. 그리고는 이면의 계략을 간파하고,

"그 이야기 역시 이쪽이 손해인데요."

라며 상대도 하지 않을 것이다.

눈앞의 달콤함에 홀려 나중에 울부짖는 어리석은 짓은 하지 않는 것이다.

비싸든 싸든 간에 함부로 무엇을 사지 않는다. 그것은 그들이 물품의 매매를 일본 무사(武士)들의 싸움에 필적하는 것이라고 알고 있기 때문이다.

가령 슬리퍼 하나를 고르는 데도 전력 투구를 한다. 그리고 남의 페이스에 말리는 것을 굉장히 싫어하므로 자기가 필요하기 때문에 사려고 결정한 것 이외에는 설득해서 다른 것을 사게 하는 것은 지극히 어려운 일이다.

"아이들의 영어 교육에 대한 앙케이트를 하고 있는데 조금만 협조해 주시겠어요?"

하면서 여학생이 무슨 용지를 꺼내면서 교묘하게 접근한다. 아니나다를까 영어 사전을 판매하는 세일즈였다.

일본 사람은 그런 타입의 '강매'에 약한 것 같은데 그 사전 판매원의 고백에 의하면,

"화교의 가정에서는 정말로 어려워요. 뭘 일본어는 통하는 걸하면서 그들에게는 불필요한 물건은 한마디로 비싸다 라고 하는 주의가 배어 있어요. 처음 앙케이트 조사를 하러 갔을 때 돈이 드는 것인가, 그렇지 않은가를 먼저 확인하고 또한 자기에게 도움이 안 되는 것에 대해서는 시간이 없다고 한 마디로 냉정

하게 거절하므로 싫어져 버려요."

　일확천금을 버는 이야기일수록 의구심을 가지고 더더욱 지갑
의 끈을 단단히 해야 할 것이다.

75

'정찰'에 현혹되지 말라

화교들이 경제권을 쥐고 있는 동남아시아의 환락가에 있어서
그 밑바닥에 있는 전제 조건은,

"여자의 값은 정해져 있지 않다. 상대편의 호주머니 사정에
따라 결정된다."

라고 하는 사고 방식이다.

예를 들면 일본 사람들이나 미국인 관광객들이 상대라면 같
은 여성이 가더라도 그 지방 사람이 치르는 값의 몇 배가 값이
된다. 말하자면 2중 3중 가격인 것이다.

원래 유흥이란 필수 불가결한 것은 아니다. 그것은 여유가 있
어서 가능한 것이기 때문에 군인들에게 할인해 주는 것은 당연
하지만 아무런 목적 없이 왔다갔다하는 관광객으로부터는 뜯어
낼 수 있는 데까지 최대한 받아내라고 하는 사고 방식이다.

포식 기미가 있어서인지 일본 사람들은 머리 색깔이 다르다
거나 무드가 있기를 바란다.

해외에 나가서 '좀 색다른 여자가 있다.'고 유혹하면 곧바로

달라붙는다.

　그러한 일본 사람들의 약점을 포착하여,

　"백화점 점원인데 어머님이 편찮으셔서……."

　"초등학교 선생으로 있는데 일본 사람이라면 한 번 정도는 좋다고 하는데요."

하는 등 실로 교묘하게 유혹한다. 그런데 자세히 알아보았더니 원래 그 도시에는 백화점이란 이름이 붙어 있는 것이 없었으며 초등학교 선생들은 모두가 60세 안팎의 노인들이었다.

　최하급의 창부들이 그렇게 둔갑해서 나오곤 하는 것이다. 더불어 당연히 화대에 있어서도 최고로 급등한다는 것이다.

　장사도 이와 비슷하다. 소매하는 사람의 유명, 무명의 정도나 점포의 구조, 실내 장식, 선전 등의 외적인 것에 현혹되어서는 안 된다.

　기성 관념이나 무드 등에 현혹되어서는 도저히 한몫 할 만한 장사치(상인)로는 될 수 없다.

　국가의 보호나 원조를 전혀 기대할 수 없는 화교는 자신에게 닥친 현실을 악착스럽게 받아들여 세평(世評)과 전혀 다르더라도 태연하다.

　"그 연극은 일류다."

　"이 음악은 굉장히 멋지다."

등과 같은 평론가들의 실없는 소리에 현혹되어 자기로서는 서툴다고 생각되어도 그것을 입밖에 내지도 못하고 마음에 없는 박수를 치는 사이비 문화인이 되어서는 안 된다.

　'정찰(正札)'에 구애받지 말고 진짜 값을 매기는 것은 실제로 현금을 지불하는 손님이라는 것을 잊어서는 안 된다.

76

의심할 수 있는 동안에 의심하라

지금 동경 서긴좌에 빌딩을 가지고 중화 요리점, 빠찡꼬, 다방 등 다각적으로 경영하고 있는 중국인 Q씨는 전후 얼마 안되어 알고 있던 일본 사람으로부터 현재 빌딩이 서 있는 대지를 사도록 권유를 받았다.

그래서 그 장소에 가본 Q씨는 그때부터 매일 도시락을 싸 가지고 현지에 나가서 몇 시간씩 열심히 관찰했다.

그 동안은 줄곧 서 있었다.

'몇 시쯤에 어느 방향에서 어느 방향으로 사람들이 다니는가, 어떤 종류의 사람이 다니는가?'를 조사하기 위해서였다.

그리하여 꼭 1개월 그렇게 조사해 본 후 비로소 '여기 같으면 된다' '먹는 장사에 한한다.'라고 결심하고 대지를 샀다.

당시, Q씨는 대지를 살 돈이 겨우 될 정도였다.

"대지만 있으면 나중에는 어떻게 되겠지."

하고 생각했었다. 하지만 훨씬 뒤의 일까지 꿰뚫어 보았던 것이 틀림없다.

아무리 긴좌라고 하지만 불타버린 허허벌판이었던 당시의 땅을 보고서 나중의 번영을 꿈꾸기는 쉽지 않았다.

Q씨에게 그 거래를 결정하게 한 것은 철저하게 자기 눈으로 확인한 데서 오는 자신(自信)이었을 것이다.

어떠한 돈벌이 이야기도 거래 끝까지 의심하며 끝까지 자기 손으로 조사하고 확인한다는 것이 화교들의 철칙인 것이다.

그러나 일단 자기가 결정하고 일을 시작한 이상은 역전되더라도 한탄하며 떠들거나 남에게 책임 전가를 하지 않는다.

시기심이 강한 것과 '분수를 안다'는 낙천성은 표리 일체가 되어 있어 아무리 고생을 해서 얻은 것이라도 막상 잃게 되면 '몰법자(沒法子 : 하는 수 없지 뭐)'라고 포기한다.

몹시 고민하여 분석해 보고서는 마침내 틀렸다고 결정하면,

"그 이야기 이제 끝이야."

하며 두 번 다시 입밖에 내지 않으니 훌륭한 것이다. 그 대신 의심하는 동안에 철저하게 의심한다.

"빨리 결정하지 않으면 이웃에도 소문이 나 있으니까 그쪽으로 돌리겠어요."

하면서 압력을 넣어도,

"그래, 그렇다면 그쪽으로 계약하세요. 인연이 없을 때에는 아무리 노력해도 맺어지지 않는 것입니다."

하며 태연스럽다. 전혀 탐내는 빛을 보이지 않는다.

당신도 신념이 솟아오를 때까지 몇 번이고 직접 가보고 손으로 만져보고 그리고 이거라면 충분하다는 납득이 되거든 계약하라.

100번 해서도 모를 것 같으면 101번이 있지 않은가?

77

성(姓)이 가지는 결속력을 중히 여겨라

화교의 공동체 의식의 근간은 혈연, 지연이다. 혈연 집단은 다시 광범위하게 성씨 단체(姓氏團體), 동성 단체(同姓團體)로까지 진전된다.

진씨(陳氏) 같으면 진(陳)이란 성을 가진 사람들이 힘을 합하여 외적(外敵)과 싸워 간다는 것이다.

동경의 영순무역(永順貿易)의 사장인 주상하(周祥廈)씨는 절강성(浙江省) 만당진(灣糖鎭)이란 추운 마을에서 태어났다. 13세에 고향을 떠나 같은 성(省)의 항구 도시인 영파(零波)에서 견습생이 되었다. 영파는 일본을 비롯하여 외국에 나가려는 사람들이 많은 도시였다, 주사장은 24세에 일본으로 건너가 동경 시부야에 중화 요리점을 개업한 것을 처음으로 하여 차차 점포를 늘려 갔으나 언제나 뇌리에 있는 것은,

"너의 부모가 있는 주씨 가문(主氏家門)의 명예뿐만이 아니라 마을에 있는 주씨 후덕당(主氏 厚德堂)의 영광을 위해서 열심히 해 주기 바란다."

226

고국을 출발할 때, 고향 사람들 그 중에서도 근교의 주씨 성을 가진 사람들의 질타의 말이었다. 후덕당이란 주씨 성의 조상을 모셔 놓은 곳이다.

그와 같은 것을 종친회(씨족 공회, 가족 공회)라고 하며 큰 성씨 단체가 되면 조상신(祖上神)을 모시는 훌륭한 우사당(友祠堂)을 갖는 것뿐만 아니라 학교까지 경영하기도 한다.

우여곡절 끝에 전쟁 후 주씨는 눈에 잘 띄는 거리에 천 명 이상 수용할 수 있는 교통 대반점의 점주(사장)가 되었다. 동반으로 유럽과 미국을 돌아볼 수 있는 기회가 있었다.

미국 샌프란시스코의 중국인 거리에는 7만 명의 화교들이 거주하며 장사의 번창함, 도시의 규모, 설비 모두 세계 차이나타운 중에서 최대의 것이다.

"거리의 입구에 있는 공중 전화 박스에서도 차이니스 스타일의 정서가 있는 것이다."

라고 하면서 흐뭇해하였다.

이 도시에는 90년 전통을 자랑하는 용강총공소(龍岡總公所)가 있다. 동성회(同姓會)의 일종으로 3국시대(촉국, 위국, 모국)의 영웅이던 유비, 관우, 장비, 조운의 영향을 받아 4개의 성(姓) -유(劉), 관(關), 장(張), 조(趙)를 자칭하는 사람들로 조직되어 있다.

3국 시대의 영웅들의 자손임을 과시함과 더불어 서로서로 돕는다는 것이다.

어떤 점에서는 남자의 낭만에서 출발되었다고 보아도 된다.

중국인 여성은 결혼 후에도 우리나라와 마찬가지로 구성(舊姓)을 가진다. 주씨의 부인은 장씨였다.

그런 인연으로 부인은 물론, 주씨도 용강종친회(龍岡宗親會)의 고문으로서 출석이 허용되어 감격스러웠다고 한다. 각 방면의 사람들과 알게 되었으며 또한 여러 가지로 편의를 도모해 주었다고 한다.

뉴욕에도 이 정도의 역사를 갖는 용강총공소가 있어 샌프란시스코에서의 연락으로 연회에 초대를 받은 것은 말할 것도 없었다.

78

개고기라도 먹는 것에 대해서는 주저하지 말라

중국의 격언에,

"비조진 주구팽(飛鳥盡走狗烹 : 새를 다 잡아먹고 없거든 개라도 요리하라)."

라는 것이 있다. 또한 속담에,

"구육곤삼곤 신선기오온(狗肉滾三滾 神仙企晤穩 : 개고기가 맛있게 삶아지면 그 냄새로 신도 부처도 가만히 있을 수가 없다)."

라는 것이 있다.

성덕학원(聖德學園) 전문대의 강사인 양만리(陽萬里)씨의 말에 의하면 최근 개 대신에 새끼양고기로써 거기에 두유를 끓여 그 표면에 엉긴 엷은 막을 걷어서 말린 두부 조림, 부추, 소엽 등을 섞어 넣어 미묘한 개요리의 맛을 내고 있는 중화 요리점이 요코하마의 야마데정에 있다.

대부분의 일본 사람은 개고기라니 하며 눈살을 찌푸릴 것이다. 그리고,

"나는 개고기 같은 것 먹어 본 적이 없어요."
하고 말할 것이다. 그러나 자기도 모르게 개고기를 먹은 사람은
많을 것이다. 전쟁중의 군인들의 식사에도 많이 들어 있었을 것
이고 전쟁 후에도 식육점에서 햄이나 소시지에 개고기가 들어
있는 것을 봤다고 하는 뉴스를 몇 번이고 접하였기 때문이다.

중국에서도 주로 개고기를 식탁에 올리는 곳은 광동 지방으
로 거기에는 식용견(食用犬)이라고 하는 것이 있어 먹는 시기
도 대체적으로 정해져 있다.

어떤 종류나 연령의 제한없이 개라고 무조건 먹는 것이 아니
라 고급 요리로 만들어 먹는다.

나는 여기서 개고기가 얼마나 맛있는가를 강의하려는 것이
아니다.

"누구도 안 먹기 때문에 맛있을 리가 없다. 그런데 개고기를
먹는다니 참혹하고 기분이 나쁘다."
라고 하는 단순히 개인적인 감정, 주위의 습관만으로 사물을 판
단한다는 것은 있을 수 없지 않느냐 하는 것이다.

상거래, 기업 경영에 있어서도 자기의 생각과 기호, 방법만으
로 상대편을 저울질해서는 안 된다고 하는 데에 반론은 없을
것이다.

'먹어 보지 않고 싫어한다'는 식으로 지금까지 얼마나 많은
사람들이 찬스를 놓치고 말았는지,

"말은 타 봐야 알며, 사람은 따라가 봐야 안다."
고 한다.

화교들은 사람을 평가하는 데 단기간에는 결론을 내리지 않
는다. 외관상의 조건을 판단의 기준으로 삼지 않으므로 될 수

있는 대로 자기가 직접 확인하기 위해 여유를 가지고 정보를 수집한다.

개든지 자라든지 사람들이 맛있게 먹고 있으면 거리낌없이 먹어보는 것이다. 간단히 그리고 감정적으로 큰 결론을 내려서는 안 된다.

79

본업이 아닌 것으로써 이름을 팔려고 하지 말라

화교들의 생활 밑바닥에 항상 흐르고 있는 것은,

"여기는 남의 나라이다."

라고 하는 생각이다. 모든 것이 거기에 뿌리를 박고 있어 무슨 일이 생겨도 자신의 나라로부터 보호를 받을 수가 없으므로 자기나 동료들이 지키지 않으면 안 된다.

일본 사람들은 선거권도 있고 정치에 참여할 수도 있고 본업보다도 다른 데에 마음이 끌려 정력과 시간을 낭비하는 수도 많다. 그러나 화교는,

"우리들은 장사밖에 생각할 수가 없어요."

라고 말한다.

다른 일을 할 수 없는 핸디캡을 역이용하는 중국 특유의 낙천성과 근면성이 교묘하게 믹스되어 있다. 철저한 프로가 되는 밑바탕이 여기에 있다. 다른 어떤 일에는 관심을 갖지 않고 오직 장사에만 몰두하고 있다. 일 이외에 다른 취미는 없다는 식의 얼굴을 하고 있는 경영자가 많으며 장사일로 바깥을 돌아다

232

니는 것 이외에는 점포만을 빙빙 돌고 있다. 빙빙이라는 말을
사용하는 것은 2개 이상의 점포를 가진 사람이 많기 때문이다.

노판(老板)이 점포 앞을 오가며 눈을 번뜩이고 있고 노판랑
(老板娘)은 부장에서 진을 치고 있으므로 고용인들도 정신을
바짝 차리고 손님보다도 주인 쪽에 신경을 쓰고 있다. 그런 곳
에서 종업원들에 의한 부정 사건 같은 것은 일어날 수가 없다.

그리고 화교들은 아이들이 중학교를 졸업할 무렵이 되면 자
기 아이를 불러 진로에 관한 문제를 놓고 이야기한다.

"너는 줄곧 일본에 있을 작정이니?"

그렇다고 대답하면 자기들이 놓여 있는 입장을 알아듣기 좋
게 말해 준다. 요리사가 되려면 고등학교까지만 가도 된다. 대
학을 나오면 요리를 만드는 것을 본인들이 불만스러워한다. 그
러므로 대학에 진학한다면 전공 과목을 살리는 길로 나아가는
것이 이상적인 것이다.

일본에서는 관청, 공사, 제1차 산업에서는 거의 외국인을 쓰
지 않고 있으므로 공학부를 나오더라도 취직을 하기가 힘들어
서 배운 것을 그냥 썩혀 버린다.

경제, 경영학과도 마찬가지여서 자기가 무역업을 경영한다고
하더라도 대학에 진학하느니보다는 어딘든 화교의 무역 회사에
서 근무하면서 일을 배워 동남아시아, 미국 등지에의 화교들과
연고를 가져 두는 것이 나을 것이다. 그렇다면 의사나 약제사가
되는 것이 가장 수입이 낫다고 할 수 있을 것이다.

그것은 면허만 있으면 개업도 가능하다. 약국을 가질 수 있으
며 다른 직업보다 훨씬 수입의 증대를 도모할 수 있기 때문이다.

그와 같은 사정을 아이들에게 납득시키는 부모의 심정은 복

잡하기 짝이 없을 것이다.

나아갈 길을 제한당하고 있는 화교의 장사에 대한 철저한 프로 근성을 걸핏하면 지방 정치, 매스컴 등에 뛰어들어 이름을 팔려고 하는 일본의 경영자는 본받았으면 한다.

긴요한 장사를 소홀히 해 가면서 이름을 판다는 것은 실로 헛된 일이다. 진정한 장사꾼은 이름보다도 이익을 취하는 것이다.

80

불리하게 되면 쏜살같이 도망가라

장기에서도 공격에 간한 강호형(强豪形)과 방어를 장기로 하는 기사가 있다.

인생의 싸움에서 '일승 일패는 병가의 상사이다.'라는 말도 있듯이 모양 좋게 공격하는 것만이 능사가 아니다. 퇴각(退却)도 중요한 전략의 하나이다. 공격이 능숙한 기사도,

"퇴각할 때에는 과감하게 적의 손이 미치지 않는 안전권까지 달아나거나, 그렇지 않은 어중간한 퇴각은 전체적 붕괴의 근원이 된다."

라고 말하며 1포인트 전진이 늦어지면 아무런 의미가 없어지며 재건, 재공격이 불가능하게 된다는 것도 덧붙여 말하고 있다. 한 걸음 앞을 내다보고 퇴각 단행을 성사시키는 것이야말로 유리한 공수 전환이 가능한 것이다.

상업상의 싸움에 있어서도 불리하게 되면 일단 '철퇴하거나 퇴각'하여야 한다.

하루 늦어지면 대처할 수가 없기 때문에, 그런 때에 일본식의

체면은 쓸데없다는 것을 알고 있다. 중국인들의 체면이란 그런 데에는 적용치 않는다.

예를 들면 사이가 좋지 않은 동업자와 점포가 이웃하고 있을 때, 이제까지 사사건건 장사면에서 싸워 드디어는 감정적인 응어리가 생겼으나 자기가 가지고 있는 다른 중요한 장사 쪽에 자금이 필요하게 되었을 경우 심사 숙고한 끝에,

"그것은 도저히 무리이다. 어느 쪽이든 하나로 합치는 수밖에 없다."

하고 판단이 서게 되면 주저하지 않고 이웃 주인을 찾아가서 취지를 이야기하여 점포 전부를 사들이도록 하고 재고품을 인수하도록 하여 정리를 하거나, 한참 동안 휴업하였다가 시기를 보아 다른 종류의 상품으로 재출발하기도 하여,

"적(敵)의 조언에도 득이 되면 받아들여라."

라는 명언에 따른다.

그렇게 하여 2개 중 하나에 전력 투구하여 정세가 회복되면 다시 손을 넓힌다.

퇴각하는 것은 전략상 중요한 전법으로 어렵고 인내력을 필요로 한다.

퇴각에 능숙한 경영자야말로 진정 용기 있는 사람이다. 동료를 신용할 수 없게 되었을 때에나 거래선이 위태로워졌을 때 모두 '난파선의 쥐'처럼 빨리 도망갈 길을 결정하는 것이다.

"위방불입 란방부거(危帮不入 亂帮不居 : 위험한 그룹에는 들어가지 말며 혼란한 그룹에 살지 말라)"

어쨌든 이상하다고 생각되면 어떤 이유를 달아서든지 빠져나오는 것이 선결 문제이다.

81

현금을 쓰지 말고 의리를 내세워라

오사카 상인도 무색해지는 화교들의 지혜, 오사카에 사는 화교는 선물을 하지 않으면 안될 것 같은 의리가 생기면 우선 집안을 둘러본다.

상대방이 성인 남자라면 술 같은 것이 좋을 것 같다고 생각하고 적당한 것을 집에서 찾아본다. 선물받은 위스키 같은 것이 있다고 하면, 그 중 한 병을 가지고 술 소매상에 가서,

"그것과 같은 것을 또 한 병 사서, 2병을 상자에 넣어 선물 포장을 해주지 않겠어요?"

하고 부탁한다. 그러면 훌륭하게 현금 출자는 반으로서 의리를 세운다.

좀더 적극적인 아주머니는 집에 있는 빈 병을 함께 가지고 가서,

"술을 사니까 이 병을 모두 값을 쳐서 인수해 줘요."

그래서 그 만큼 덜 지불해도 되고 아울러 부엌 정리도 되는 셈이다.

또한 행동력이 있는 화교는 소매상에서 아무것도 사지 않고 자기 집에서 가져온 술로 모든 역할을 끝낸다.

"아저씨 미안하지만 선물 상자와 포장지가 있으면 부탁해요."

평소부터 단골 손님이기에 술 소매점에서는 약간 불만이 있어도 요구하는 대로 해 주었다.

그렇게 하면 아울러 붓까지 빌려 달라고 하거나, 또는 글씨가 서투르니 대신 써 달라고 부탁하게 된다.

이것은 술 소매점에서의 예이지만 어디에서나, 무엇이든지 이런 방식이다. 너무나 당당하므로 점포에서도 별로 저항하지 않는다고 한다.

자기가 가지고 있는 것을 최대한 효과적으로 사용하고 있는 셈이므로 어떻게 잔소리를 할 수가 없다.

그러나 일본 사람 같으면 안면이 있는 상점에 이런 식으로 할 수 있겠는가. 세상에 대한 체면이라든지 안면을 염두에 둔다면 도저히 불가능한 일이라고 말할 것이다.

그러한 것을 일체 상관하지 않는다는 것이 화교들의 세계이다. 자기에게 손해가 되지 않는 한 필요 이상의 관심을 갖지 않는다.

일본 주부들이 우물가에서 그와 같은 생활 태도가 재미있다는 듯이 수군거리고 있는 것을 들었다 하더라도 화교들의 주부들은 아마도 어이가 없다는 얼굴을 하며 이렇게 말할 것이 틀림없다.

"아이고 그것이 재미있는 일인가. 그런 건 당연한 일인데."

남의 나라에 와 대가족을 거느리면서 생활해 나가려면 이 정도의 생활력과 애교와 지혜가 없이는 어림도 없다고 말할 것이다.

82

병문안에는 현금을 가지고 가라

한국 사람들은 병문안에 바나나를 들고 가며, 동남아시아에서는 사과를 가지고 간다.

모두가 그 나라에서는 비싼 과일인 것이다. 병을 앓고 있을 때에는 많이 먹지 못한다.

꽃을 들고 가는 것은 전세계적으로 공통이지만 프랑스 영화의 어느 장면에서 중년 마담이,

"옆집을 병문하는 데 꽃을 가지고 오는 청년은 가정 교육을 잘 받은 거예요."

라고 말하는 장면이 있었으나 병 문안 때에 꽃다발이란 상대편에 따라서는 매우 계면쩍은 일이 될 수도 있을 것이다.

그렇다면 무엇이 좋을까? 역시 현금이 좋은 것이다. '어쩐지 노골적이어서……'란 느낌이 들는지 모르겠지만 그렇게 생각할 것까진 없다.

특실에 있다고 하더라도 병실은 문병객들이 가지고 온 물건 등으로 가득 차 버릴 것이다. 그리고 증상에 따라서 먹는 것은

일체 안 되며 의사도 별로 달갑지 않은 얼굴을 한다.

같은 물건이 중복되는 경우도 있고 자칫하면 달갑지 않은 친절이 될 수도 있다.

그런 경우, 중국인들은 정중하게 봉투에 현금을 넣어 살짝 건네주고 재빠르게 돌아간다.

물론 너무 손위의 사람이라든지, 오해받을 만한 입장에 있는 사람에게는 사양하지 않으면 안 된다.

그 이외의 친숙한 사람 같으면 결례는 되지 않는다. 병상에 있게 되면 누구나 마음이 약해지기 마련이므로 그 아주 조그마한 위로에도 용기를 얻게 되며 또한 사소한 말에도 걱정을 끼치게 된다. 거래 관계에 있는 사람이라도 마음먹고 문안을 가야 하는 것이다.

병 문안에서 인간성이 나타난다. 환자가 듣고자 하지도 않은 말을 장황하게 늘어놓아 오히려 피곤하게 만드는 수도 있다.

환자가 직접 거래하고 있는 상대편이 아니고 그 가족일 때에는 더욱이 곤란하다. 불쑥 병 문안을 가더라도 공통된 화제가 없다는 것은 각오하지 않으면 안 된다. 그렇다고 해서 우편 배달도 아니고 노크하고는 병실 안에 물건만을 놓고 곧장 돌아갈 수도 없는 일이다.

병 문안이라고는 하지만 말같이 그리 쉬운 일이 아니다. 그런데 기쿠치 관 씨의 말에 의하면,

"자본주의 사회에 있어서 돈은 바로 힘이며 가장 중요한 것이다. 그 중요한 것을 여성에게 주는 것은 애정의 표현으로서 훌륭한 것이다."

라고 하는 의미가 들어 있다.

240

병 문안 때 현금을 가지고 가는 것도 이런 식으로 생각하면
되는 것이다.

물건을 고를 시간이 없어서가 아니라 우정이나 애정의 표시
라고 생각하면 된다.

물론 금전의 많고 적고는 신경 쓰지 않아도 된다. 자기의 경
제력에 부합되는 한계에서 최고로 하면 된다. 그러면 상대편에
서도 알아줄 것이 틀림없다.

투기로 이성(理性)을 단련하라

화교라 하면 돈벌이밖에 모르는 욕심꾸러기로 연상하기 쉬우나 그것은 잘못된 것이다.

화교도 인간인데 투기나 여자를 싫어할 리가 없다. 쾌락을 쫓는 끈질김에 있어서는 오히려 일본 사람들보다 한 수 위라고 해도 좋을 것이다.

그러나 '놀이'에 대한 방법이 일본 사람과는 전혀 다르다. 분수에 맞게 놀고 절대 여자에게 빠지는 경우는 없다.

"우리들에게는 부모에게 효행(孝行), 가족에게는 충실이 무엇보다도 우선이므로 친형제를 슬프게 할 수는 없다. 따라서 투기도 자기의 경제력 범위 내에서 하며 그 이상도 이하도 아니다." 라고 일본 태생의 화교 2세는 능숙한 일본어로 설명해 주었다.

화교의 투기라고 하면 뭐니뭐니해도 마작이다.

그들은 마작도(麻雀道)는 상도(商道)와 통하며 상기(商機)를 잡는 참고가 된다고 한다. 상대편의 속마음을 읽어내어 즉 대세의 정황 판단에 의해서 어느 것을 버릴 것인가, 승부를 할 것인가 말 것인가 한순간에 단행한다.

사회의 거친 파도에 휩싸였을 때, 면역성이 없는 자일수록 위태롭다. 4명이 탁자를 둘러싸고 끊었다 텄다 하며 인공적인 수라장을 만들어 내어 거기서 '이성'을 단련시킨다.

오타쿠 소이치 씨는 자녀들을 잡초와 같이 키우기 위해 아이들에게 화투를 가르쳐 진짜 승부를 하여 일단 주었던 용돈을 전부 따 버리고는,

"세상 만사를 가르쳐 준다."

하고 자랑한 적이 있었다. 투기로 '이성'을 단련시키는 좋은 예가 될 것이다.

그런데 화교의 마작 멤버에 젊은이는 보이지 않는다. 그 이유는 젊은이, 2세, 경제력이 없는 자가 마작을 하는 것을 화교 세계에서는 인정하지 않고 있는 것이다, 아무리 큰 점포의 후계자일지라도 부모가 맡고 있는 동안 돈이 드는 투기는 주위에서 허용하지 않는다.

그러므로 2세들이나 독립된 점포를 갖지 않은 지배인 이하의 사람들은 동향 회관 등에 설치되어 있는 당구, 탁구, 장기로서 스트레스를 해소한다.

독립이 늦어진 점주(店主) 등은,

"당구의 명수가 되었어요."

하며 쓴웃음을 자아내고 있을 것이다.

결국 도박은 재력으로나 정신적으로 여력을 가지고 하지 않으면 이길 수도 없고 즐겁지도 않다는 것을 그들은 익히 알고 있다. 노름은 어디까지나 '이성(理性)'을 단련시키기 위한 놀이이다. 그래서 신세를 망치는 일 같은 것은 일어나지 않는다는 이야기이다.

84

왕부상(旺夫相)인 여성을 마누라로 삼아라

요코하마나 중국인 거리와 동경의 '만진루(萬珍樓)' '빙진루(聘珍樓)' '차이나인'을 가지고 있던 전사장 방주침(龐柱琛)씨는 광동성의 시골에서 태어났으며 적수 공전으로 17세에 도일, 고오베에 상륙한 후 나고야, 요코하마로 옮겨다니면서 고생에 고생을 거듭하여 왔다. 남들처럼 육체 노동과 리어카를 끌거나 하여 노력을 아끼지 않았으나 뾰족한 수가 생기질 않았다.

요코하마에서 와서는 만두로 유명한 '기양헌(崎陽軒)'의 요리사가 되었다.

그곳 요코하마에서 이웃의 소개로 알게 되어 결혼한 사람이 부인인 증숙명(曾淑銘)씨이다.

부인인 숙명 씨를 본 어느 중국인 관상가가 많은 사람들 앞에서,

"이 사람의 상(相)이야말로 왕부상(旺夫相)이다. 남편을 성공시켜 일가를 유복하게 만들 것이다."

라고 보증하였다. 왕부상이란 내조의 공이 두텁고, 남편을 출세

244

시키는 복상(福相)이란 뜻이다.

아니나다를까 그때부터 운이 돌아왔다. 원래부터 일 잘하고 실천력도 있었지만 결혼 후에는 방씨가 손을 대는 것마다 착착 들어맞았다.

친척집에 놀러갔을 때 소개받은 사람의 연줄로 이세사사키정의 백화점 노자와야에 각종 음식점이 즐비하게 있는 한 구석에 점포를 낼 수 있다는 것은 신용을 얻는 데 기대한 것 이상으로 도움이 되는 것 같았다.

후에 중화민국 재일 요코하마 중화 요리 동업회 이사장과 중화학교의 육성회 회장을 오래도록 맡았었다.

마침내 일본 정부로부터도 서훈(敍勳)을 받았는데 전쟁 후 요코하마 중국인으로서는 처음이었을 것이다.

언뜻 보기에는 빈둥빈둥 아무것도 하지 않는 것처럼 보이는 배불뚝이처럼 애교 있는 체격을 하고 있는 방씨는, 잔일은 모두 부인과 전무(장남, 현재의 사장)에게 맡겨놓고 틈을 내어 미국에 있는 두 딸에게 가거나 동남아시아 여러 나라를 돌아다니며 레스토랑 특히 중화 요리점에 대해 연구하였다. 천성의 부지런함 때문에 일본인 고객에게 알맞도록 개조한 것이 또 하나의 성공을 가져왔다.

방씨의 성공을 뒤에서 도와준 협력자는 다름 아닌 바로 증숙명 씨인 것이다.

관상가에게 '왕부상'이란 큼직한 도장이 찍힌 그녀는 어떤 사람인가? 머리가 좋고 화제가 풍부하며 인상이 좋고 그리고 무엇보다도 활기가 있었다. 즉 사람을 끌어들이는 싱싱한 매력이 넘쳐흐르고 있었다.

그 매력을 중국에서는 '소기(招氣)'라 한다. 즉 사람을 불러들이는 분위기라는 뜻이다.

일본에서도 마찬가지이지만 중국에는 옛날부터 남자의 운, 불운은 부인에 의해서 좌우된다는 사고 방식이 뿌리깊다.

따라서 날씬하고 얼굴이 예쁜 여성보다는 머리의 회전이 빠르고 사람을 멀리하지 않는 친절하고 복스러운 여성, 즉 소기(招氣) 넘치는 여성이 중국에서 인기가 있는 것이다.

방씨를 만났더니 그리 능숙하지 못한 일본말로 이렇게 말했다.

"나를 성공시킨 사람은 나의 마누라이다."

당신도 장래를 생각해서 여자의 얼굴보다 '소기(招氣)'에 반해야 할 것이다.

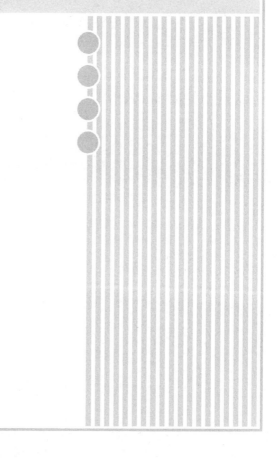

제 **4** 장
이제 1등급 위의 생활을 할 수 있다–빌려주고·빌리다

85

자기의 욕망보다 친구를 믿어라

화교의 경제력 번영을 지탱하고 있는 기둥의 하나는 동족 의식에 뒷받침된 굳은 단결인 것이다. 친척이나 가신(家臣)들은 일단 신용하게 되면 무슨 일이 있더라도 서로 돕는다. 친구끼리의 교제도 마치 관포지교(管鮑之交)로 친형제 이상으로 서로 신뢰감으로 뭉쳐져 있다. 이국(異國)에서 험한 풍파를 헤치고 꿋꿋하게 살아가는 그들에게 다급할 때에 의지가 되는 것은 오직 친구 이외에는 없기 때문이다.

그런데 화교들에게는 옛부터 불로 장수의 약이라든지 연명장수의 비법 등과 같은 황당 무계한 기적의 발견에 전신의 힘을 기울이기도 한다. 그것은 자기의 육체라는 것을 잘 알고 있기 때문이며 이윽고는 아무런 도움이 되지 않고 공동묘지로 간다는 것을 십분 각오하고 있기 때문이다.

육체의 쇠약해짐을 직시한다는 것은 참기 어려운 일이므로 대부분의 사람들은 가능하면 모르는 척하고 싶어한다.

그 점에서 화교는 육체가 약해졌다고 해서 비관하지 않는다.

언젠가는 머리 회전이 둔해지고 성욕이 감퇴되며 장사도 자기 혼자 해 나갈 수 없는 날을 예견한다. 자기 자신의 욕망보다 친구를 믿어라 하는 사고 방식도 여기서 오는 것이다.

언제 못쓰게 될지 모르는 자기 육체의 일부보다도 친우(親友) 쪽이 얼마나 소중한가.

가족에 대한 것, 장사에 대한 것, 뒷일 일체를 위탁할 수 있는 것은 쇠퇴된 자기의 육체가 아니고 믿을 수 있는 친구인 것이다.

그러므로 화교의 친구가 된다는 것은 보통 일이 아니다. 보통, 친구가 되려면 알게 된 후부터 수년이 걸린다. 교제중에 생긴 구체적인 사실에 입각한 증거밖에 믿지 않으므로 조그마한 약속이라도 순순히 지켜 가면서 10년 정도 지나면,

"믿어도 좋을 것 같은 생각이 든다."

라고 하며 눈이 녹는 것같이 관문이 열리기 시작한다. 개인의 가정에 초청받게 된다는 것은 대단한 영광이다. 일단 서로가 신용하게 되면 철석 같은 서약이 되는 것이다. 경제적인 면에서도 철저하게 서로 돕는다. 적수 공권이라도 갑자기 점포를 갖거나 자금을 갖는 케이스가 있을 것이다. 그와 같은 경우를 자세하게 조사해 보았더니 대개 친구가 뒤에서 돕고 있었다.

만에 하나라도 불행하게 친구와의 사이가 잘못되었더라도 절대 헤어진 친구의 비방은 하지 않는다. 말하면 말할수록 자기의 인격만 깎이고 신용이 떨어지며 나아가서는 사업에도 영향이 미친다는 것을 알고 있기 때문이다.

'한담막설인비(閑談莫設人非 : 잡담으로 남의 욕을 하지 말라)'인 것이다.

당신이 지금 장사를 하고 싶어서 1천만 엔을 빌려 달라고 한

다면 선뜻 내어줄 친구가 있는가? 아니면 몸이 위태로울 때에 마누라와 아이들을 위탁할 수 있는 친구가 있는가?

멋 부리는 사람이나 술주정뱅이 친구는 갖지 말라. 생명까지 맡기고 맡을 수 있는 친구야말로 진짜 재산일 것이다.

86

장사와 스케일이 큰 인생을 즐겨라

고오베 화교의 전설적인 오금당(吳錦堂)은 무역상으로서도 이름이 있었고, 무라마쓰 쇼후 '명승부이야기 — 황금가의 우두머리'의 모델이기도 하다.

오금당 연구에 전념하고 있는 분은 고오베 중화총상회의 진덕인(陳德仁) 회장과 금당 씨의 친손자인 오백선(吳伯瑄) 씨일 것이다.

그를 중심으로 하여 화교사(華僑史)의 연구가 한창인 고오베에서는 화교 박물관을 해안 거리에 마련해 놓고 있다.

당시 일본의 화교를 위하여 열성을 다한 사람은 고오베에서는 오금당과 맥소팽(麥少彭)인 것이다. 맥씨는 특히 성냥의 제조와 수출에 공이 컸으며, 성냥을 만드는 단계나 하청에서 일본 사람들도 일을 많이 하여 도움을 받고 있었다.

오씨와 맥씨의 상위점이라면 맥씨는 방직주(紡織株)로 손해를 입고 싱가포르로 떠나버렸다. 한편 오씨는 메이지 초기의 판신지방(阪神地方 : 오사카 고오베 지방)에서 견사(絹絲)와 비단

을 취급하였으며, 성냥 공장을 세워 일본과 중국과의 무역면에
도 활약하였다.

전술한 '명승부 이야기 —'에서는 방직주에서 스스키 히사고
로와 대승부를 한 '중국인'으로서 등장한다. 또 그 소설은 사실
과 많이 다르다. 무라마쓰 작품에서는 '스스히사에게 패한 중국
인은 파산하여 동기(同期)의 별장으로 내려가 버렸다'로 되어
있으나 그렇지 않다.

방직에서는 틀림없이 큰 손해를 입었으나 '금당옹(錦堂翁)의
실력이 그 정도의 일로 손들 정도는 아니었다. 오직 주식(株式)
에 충분히 재미를 본 다음에, 가지고 있던 주식을 전부 내다팔
아 중역들도 은퇴시키고 사회 사업을 하려고 작정했다.'고 진덕
인 씨는 해설하고 있다.

금당옹은 무역 회사를 비롯 도아 시멘트, 니사키 시멘트, 오
노타 시멘트, 효고 전철, 도요 성냥 등의 대주주인 한편, 화교
사회에서는 고오베 화교 상업 연구회 회장, 고오베 중화 총상회
회장 등을 오래도록 역임했다.

특필할 만한 것은 고오베의 오다바야에 입식지(入植地)를 만
들어 일본인 농민 21호를 입식시키고 있는 것이다.

또한 노일전쟁 발발 후에 그는 일본에 귀화하여 군사 공채
45만 엔에 응모하였으며 당시 돈으로 2천만 엔을 군(軍)에 헌금
하였다. 미야시키현의 흉작 때에도 1천2백만 엔을 기부하였고
중국 국부(國父) 손문(孫文)을 별장으로 초대하기도 했다.

그와 같이 만년(晩年)에도 귀화했으나 그의 사회 사업은 본
국을 위하고, 화교 사회를 위하고 일본 재계에도 이름을 걸었고
자선실업가로서 시종 일관한 것은 화교 유사이래 오금당 옹밖
에 없다고 진덕인 씨는 덧붙였다.

침을 뱉거든 마를 때까지 내버려 두라

무엇보다도 한신(韓信)의 사타구니 밑을 기는 자손들이니 인내력에는 정평이 있다. 그렇다고 하더라도,

'타면자건(唾面自乾)'

'백인성금(百忍成金)'

은 여유 만만한 것. 만약 얼굴에 침을 뱉더라도 내버려두면 언젠가는 햇볕에 마른다. 인내를 쌓고 쌓으면 금(金)이 된다. 이런 경우에 '금'은 인격의 고귀한 것을 말한다.

걸어가다가 상대편이 뱉은 침이 떨어졌을 때 야단스럽게 닦거나 떠들면 일이 공개적으로 되어 상대편도 당황하여 서로의 잘못을 따지며 싸움을 하게 되며 결과적으로 뭇사람들의 경멸을 받게 된다. 자기만이라도 꾹 참고 견디며 침이 마르는 것을 기다리면 아무런 주위도 끌지 않고 큰 일로 치닫지 않으며 무사히 수습된다고 하는 것이다. 이런 마음가짐은 장사의 도(道)에 있어서 특히 필요한 것이다.

물론 그들은 '체면'을 중시한다. 그런 체면보다도 더 중요한 것, 자기의 체면이 서지 않았다고 목숨을 건다고 운운하는 것 즉 실질적인 손해가 없는 욕이나 꾸짖음을 당했다는 정도의 장면에서 소란을 피우는 것은 소인(小人)이나 하는 짓이다.

화교들의 신조는 인내이다. 장시간 단순한 일을 계속하는 것도 인내가 필요한 것이지만 이민 취급도 받지 못하고 화물과 마찬가지로 거적 한 장으로 배의 갑판에서 자면서 각국에 상륙한 선배들이 오늘의 번영의 기초를 구축한 것도 인(忍)이라는 한 글자 때문이었을 것이다.

화교들은 손을 대며 말다툼하는 일은 전혀 없다. 하물며 장사하면서 때리거나 치거나 하는 일은 좀처럼 일어나지 않는다. 아무리 말도 안 되는 잔소리를 하며 값을 깎아도 감정적으로 치닫지는 않는다. 특히 불쾌한 손님, 난폭한 손님 등에 대해서도 부드러운 응대를 결코 잊지 않는다.

그것은 돈에 대한 문제가 아니라 거래에 대한 그들의 정열인 것이다. 감정을 상도(商道)에 결부시킨다는 것은 애당초 나쁜 일로서, 우리나라에서도 '부자는 싸우지 않는다.'라든지 '부자는 몸이 중요하다.'라고 하며, 장차 재(財)를 이룰 수 있는 사람은 몸을 보전하는 데 노력하며 남과 싸우거나 위험을 불러일으키는 일은 하지 않는다.

일시적인 감정을 받아 다투고 난 다음의 배상의 문제를 생각하고 있기 때문이다.

한편, 소극적으로 보일는지 모르지만 그 반대 급부를 생각해서 참는다. 그리고 '돈이 있으면 귀신에게 절구통을 끌게 할 수도 있다'고 하는 중국의 옛 격언대로 때가 오면 멋지게 큰일을 할 수 있는 것이다.

소개장은 돈 뭉치라고 생각하라

5, 6년 전의 중국에서는 상류 가정의 사람들과 소개도 하지 않았는데 불쑥 만나게 되면 큰일난다고 하는 사회 사정이 있었다. 국정(國情)의 불안을 반영하듯 강탈, 꾐, 자객, 사기 등 돈 있는 무리들을 노리는 악한들이 끊이지 않았기 때문이다. 그래서 소개장의 역할이 컸던 것이다.

상인(商人)에게 있어서 소개장은 신용장과 같은 역할을 했다. 지금도 화교들 사이에서 소개장을 쓴 사람의 존재와 같은 무게를 가지고 있다.

동경의 어느 상사(商社)의 B씨가 싱가포르에서 돈을 잊어버리고 다른 일본인 관계자와는 어떻게 할 도리가 없어 만약을 위해 받아온 중국인의 소개장을 생각해 내어 소개한 곳에 가서 부탁을 해봤다. 소개장이 있다고는 하지만 보지도 듣지도 못한 사람이라 어차피 틀렸다고 생각했으나 그 화교는 가만히 소개장을 보더니,

"얼마가 필요해요?"

그 한마디 외에는 아무것도 물어보지 않고 상당히 많은 돈을 빌려 주었다. 일본식으로 증서나 날인 같은 것을 이야기했더니,

"그런 것은 필요 없어요."

라고 하기에 B씨는 점점 더 놀라며 감사의 마음은 말할 것도 없었다.

그와 같이 화교끼리는 일단 신용했다고 하면 두말 않고 절대적인 신용 거래 위주로 하고 있다. 상업 도덕이 두터우며 서로가 체면을 중히 여긴다.

그 대신 한번 상대편의 체면을 손상시키는 일이 있게 되면 동업자는 말할 것도 없고 그 근처, 나아가서는 동남아시아를 비롯하여 온 세계의 화교들에게까지 소문을 퍼뜨려 상대를 하지 않게 된다.

소개장을 쓰는 사람은 소개하는 사람의 모든 것에 대해서 책임을 질 양으로 쓰며, 소개받은 사람도 소개자의 뜻을 최대한으로 따르려고 노력한다.

소개장 한 장으로 어떤 유리한 연고도 손에 넣을 수가 있으며, 때에 따라서는 돈벌이도 훨씬 수월하므로 대단한 것이다. 좋은 소개장으로 도움을 받으려면 몇 번 찾아가서 고개를 숙이더라도 그만한 값어치는 충분히 있다고 말할 수 있다.

화교의 소개장에 대한 신중함은 다음과 같은 예에서도 분명히 나타난다.

동경의 무역 회사의 일본인 J씨가 거래상 잘 알고 있는 화교 A씨에게 야마가타현에 있는 화교에게 소개장을 써 달라고 부탁했다.

A씨는 야마가타현의 화교와는 절친한 사이인데도 불구하고

이 사람에게 부탁해 보십시오 하고 요코하마의 화교 B씨에게 소개, B씨는 다시 또 한 사람의 화교 C씨를 끌어넣어 J씨는 겨우 야마가타현의 화교의 소개장을 손에 넣을 수가 있었다.

왜 그러했을까? 실은 A씨는 J씨를 거래상 신용하고 있었으나 개인적으로 좋아하지 않았다. 그래서 두 사람의 친구에게 소개하여 감정이 치우치지 않는 제 3자의 판단에 맡긴 것이다.

유력한 연줄을 좌우하는 소개장. 시종 일관된 소개장을 돈 뭉치라고 생각하고 십분 활용하라.

89

회합에는 아주 열심히 얼굴을 내밀어라

화교들은 회합을 좋아하여 실제로 열심히 참석한다. 약간의 경비와 시간의 낭비가 있다 하더라도 회합은 최대의 정보원이기 때문이다. 동향회, 동업회, 친목회 등 돈이 있으면 얼굴이 알려져 당연히 여러 군데에서 찾아오게 되며 여러 가지 회의 임원으로 추천된다. 동향회에서는 자기들의 회관을 가지며, 간단한 오락(탁구·당구·중국장기)도 할 수 있도록 되어 있다.

회관에서는 광동회관, 복건회관, 광동계의 요명학(要明鶴), 삼강공소(三江公所 : 절강·강소·상해), 대만 동향회관, 부인회관, 청년회관 등이 있으며 동향회 그 자체는 10여 그룹이 있다.

재일 화교인들 사이에 중문신문(中文新聞)도 있긴 하지만 규모도 적어 정보가 느리다.

따라서 장사에 관계되는 정보는 입을 통한 정보에 의존할 수밖에 없다. 돈이 없어 회비가 아깝다든지 또는 시간이 아까워서 참석하지 않게 되면 동료들로부터 소외당하여 점점 좋은 관계에서 멀어지게 되는 것이다.

그러므로 화교들의 부인은,

"우물쭈물하지 말고 회의에 나가세요. 조금 마신들 상관없어요."
하고 자기들의 남편을 내보낸다.

"우리 집 주인은 오늘도 회합이 있어 ○○루에 갔어요. 너무 바빠서 이리 뛰고 저리 뛰고 정신이 없어요."
라고 친구 부인에게 말하는 것이다.

일본인의 경우, 장사가 제대로 되지 않거나 친구들보다 출세가 조금 늦든지 하면 동창회나 동향회 같은 데 나가기를 꺼린다. 회비도 적은 것은 아니지만 어쩐지 모양새가 좋지 않아 마음이 내키지 않게 된다. 한두 번 빠지면 점점 더 안 나가게 되고 그리하여 사람들을 잊어버리게 된다.

"그 사람 요즘 볼 수가 없는데 역시 소문대로 장사가 시원치 않은 모양이야. 이번 일은 다른 사람에게 맡기자."

그렇게 되면 끝장이다.

장사가 어려울 때일수록 회합에 참가하지 않으면 안 된다. 회의에 출석하더라도 절대로 비굴해지거나 죽는소리를 해서는 안된다. 아주 자연스럽게 유유히 있으면,

"저 사람은 요즘 사업이 잘 안 된다고 들었는데 아무렇지 않은가 봐. 그럼 화제 거리를 이야기해 주자."
하고 선배들이 말을 걸어오기 마련이다. 허심탄회하게 이야기를 듣고 있으면 어딘가에 힌트가 있고 정보가 있는 것이다.

잘 되고 있는 사람에게는 무언가 참고가 될 만한 가르침이 있기 마련이기 때문이다.

그것을 활용하고 안하고는 물론 그 이후의 당신 자신에게 달려 있다는 것이다.

260

90

부인도 장사의 정보원으로 생각하라

일만 하는 화교라도 때로는 기분 전환이 필요하다. 더구나 점포를 가지고 있는 주인의 부인은 권한은 가지고 있으나 실로 바쁘기 짝이 없다.

사람에 따라서는 아이들 보는 것과 집안 일을 그리고 점포까지 돌보고 있으므로 그들의 역할은 어지러울 지경이다.

그래서 남편들은 가끔,

"회합에 참석했다 오는 것이 어때."

하고 권한다. 그런 점에 있어서 화교에게는 부인회란 것이 있으므로 거기에 참석하면서 그 많은 일에서 해방되어 조금이나마 숨을 돌릴 수 있다.

설날이나 국경일과 같은 축제일이나 자기가 속하는 동향회나 동업회 등의 여러 가지 회합에서는 여성들도 참석할 수 있는 기회가 많으며 맛있는 향토 요리 같은 것을 여성들이 만들어 맛을 자랑해 가며 진지하게 이야기를 나누면서 즐기는 모임도 있다.

그것이 부인들의 욕구 불만을 해소함과 동시에 생각지도 않은 정보원이 된다는 것을 남편들은 알고 있다.

생각지도 않은 바위 속에서 보석을 찾아내는 것처럼 어떤 잡담 속에서도 장사에 대한 힌트는 있는 것이다.

화랑이 별로 없었을 때,

"오늘 어느 아주머니가 남편과 아이들이 일요일만 되면 스케치하러 간다고 일행과 함께 캔버스를 가지고 갔다가 물감으로 옷을 다 버려 속 상한다고 저한테 털어놓지 않겠어요."
라는 회합에서 듣고 온 부인의 이야기를 듣고 있던 남편이 빚으로 시작해서 아직도 전전긍긍하고 있던 시원치 않은 다방을 화랑 스타일로 바꿀 것을 생각해냈다고 한다.

곧바로 그림을 아는 동료를 통해서 중견 화가의 그룹에 무료로 작품을 전시해 줄 테니 위탁 판매 형식은 어떻겠는가?
하고 제안했다.

화랑이 진귀했던 때라 화가들은 한마디로 쾌히 승낙하였다. 그 아이디어는 멋있게 들어맞아 매스컴에도 오르내려 이미지를 바꾼 다방에는 고급 손님들이 단골로 찾아오게 되었다.

원래 아이들과 여성들에게 민주적인 화교들은 부인들의 이야기를 가만히 듣고 있는 경우가 많으므로 때로는 그러한 힌트를 얻을 수 있는 것이 아닌가?

거리에서 물건을 살 때면 가끔 부인과 일일이 상의하는 모습을 볼 수 있다. 또 회합에 참석할 때에는 부인 동반이 적지 않으며, 결혼식 같은 데는 부모나 아이들을 될 수 있는 대로 많이 데리고 가는 사람이 많다.

사회적인 회합 같은 데서도 장사의 기회나 힌트를 포착하려는 사고 방식은 그야말로 우리들에게 참고가 될 것이다.

대학을 건립한 화교들의 끈질긴 근성

싱가포르는 조그마한 섬이다. 그런데 대학이 2개 있다. 싱가
포르대학과 남양대학이다. 전자는 정부에서 세운 대학이고 후
자는 화교들이 세운 사립학교이다.

남양대학은 제2차 대전 종료 후에 세워졌다. 남양대학이야말
로 동남아시아에서 유일하게 중국어로 강의를 하는 대학이다.

이 섬을 3년이나 점령하고 있던 일본군이 퇴각하고 다시 영
국의 손으로 넘어갔다. 그 전에도 140년간 영국이 행정을 지배
하고 있었다. 영국 측은 그 화교 대학 설립 허가를 내 주지 않
았다.

화교의 대표는 싱가포르 중화 총상회의 이광전(李光前)주석
이었다.

이 주석의 장인은 세계의 화교 성공자의 거두로서 호문호(胡
文虎)와 어깨를 겨루는 복건성 출신의 진가경(陳嘉庚)이다. 이
주석도 복건성 출신으로 사범 학교를 나왔었다.

'화교를 위하여 대학을'이란 기사가 매일같이 남양상보, 성주

일보에 났었다.

드디어 진육사(陳六使)가 자기의 소유지 15만 평을 학교를 위하여 선뜻 내놓았다.

'자, 세웁시다.' 하는 것이 인사처럼 되어 택시 운전사까지 손님에게 '갹출합시다.'하고 외치며 일대 운동으로까지 번졌다.

이광전은,

"시민들의 갹출금에 도전하여 그 합계 금액과 맞먹는 금액을 내가 내겠다."

하고 분명하게 말하였다.

그 선언이 신문의 톱기사가 된 것은 말할 것도 없었다.

결국 이광전은 혼자서 1천5백만 달러를 내놓았다.

남양대학은 그와 같이 하여 초대 학장으로는 미국에 오래 체류하고 있던 임어당(林語堂)을 초빙하여 앉혔다.

임어당은 철학자·문학자로서도 '중국인의 양식을 대표하는 사람'이라 불리며 전세계 화교들의 동경의 대상이기도 하였다.

그 길보(吉報)에 다른 교수들도 잇따라 세계 각국에서 달려왔다.

교사(校舍)가 있는 환경은 자연의 지형을 이용한 여유 있는 것으로서 교수들의 주거도 학교 부지 내에 세워져 심부름꾼까지 곁들인 대우를 해 주었다. 학부도 의학부 이외에는 거의 갖출 수가 있었다.

영국 측에서는 처음에 '화교들이 학교 건물을 무리해서 세운다 해도 운영비는 내지 않을 뿐 아니라 교수진에 대한 편의도 일체 봐 주지 않는다'고 했으나 경제적인 부담도 없고 교수진도 이미 갖추어져 있는 이상 허가해 주지 않을 수가 없었다.

건물을 짓는 데 공을 세운 이광전은 자기의 공로를 다른 사람에게 돌리고 자기는 우선 평이사에 머물면서 화교의 선배로서 토지를 제공한 진육사를 이사장으로 추천했다.

　그런데 안타깝게도 1980년에 그 남양대학은 싱가포르 대학에 흡수된 '합병'으로 사실상의 '폐교'가 되었다.

크게 행동한 다음에는 차비를 깎아라

아무리 지금 처해 있는 상황이 어려운 사람이라도 영업상의 교제나 거래 등으로 초청을 받거나 때로는 자리를 마련하는 경우도 있을 것이다. 그것은 대인 관계를 원활하게 하고 사업을 유리하고 순조롭게 진행시키기 위한 필요악이라 할 수 있다.

평소에 헛돈을 쓰지 않는 화교이지만 일단 상업상의 손님을 초청할 때에는 충분히 신경을 써서 호화롭게 하여 가려운 데를 긁을 수 있도록 한다. 말하자면 크게 한턱내는 것도 사양하지 않는다. 일본 사람을 손님으로 초청한 경우는 일본식으로 향토산을 내지만 가급적 주체자 측의 몫은 내지 않도록 하고 토산(土産)이 될 만한 물건을 보다 싸게 사들인다. 동료들 중 누군가 취급하고 있는 상품으로 하거나 그렇지 않으면 가급적 싸게 구입한다. 또 하나라도 남으면 반품 받을 것을 약속하는 것은 두말할 나위도 없다.

또 손님을 차에 태워 보내는 데에도 조금이라도 할인율이 잘된 곳, 서비스를 잘하는 곳을 찾는다.

266

"그처럼 경기 좋게 떠들었으니 차비 정도 인색하게 하지 않더라도 되지 않느냐?"

라고 생각하는 것은 일본 사람일 것이며 손님이 화교라면 깎고 있는 광경을 당연하다는 듯이 바라본다.

깎는 법이 능숙하면 '좋은 장사꾼이다.' 하고 재평가해 준다. 어떤 장사이건 자기 일에 열심이면 '적당한' 값을 찾는 데 노력하는 것은 당연하기 때문이다.

그럴 때의 팁만 하더라도 손님들 앞이라고 해서 잔돈을 필요 없다고 하지 않는다. 받고 난 다음에 상대편의 서비스에 알맞은 것을 별도로 내주는 것이 화교들이다.

써야 할 때에는 쓰고 필요하지 않은 곳에서는 한푼의 돈이라도 아낀다. 실로 합리적이다.

쓸 것인가 집어넣을 것인가? 그것을 결정하는 것은 겉치레나 남의 말을 듣고서 하는 것이 아니라 자신의 머리에서 결정한 영리한 계산인 것이다.

동남아시아에서의 화교들이 경영하는 나이트클럽에서는 중국술은 1병씩 사게 하는데 남으면 말하지 않더라도 안주와 함께 종이에 싸서 준다.

호텔에 묵고 있는 경우에 그곳 보이에게 주게 되면 또 다른 정보를 제공해 주는 일도 있으며 가령 그것을 집에 들고 가지 않더라도 괜찮다.

요긴한 데에 돈을 쓰지 않는 인색한 사람은 대성하지 못하지만 낭비를 싫어하는 인색함은 본받아야 할 것이다.

그들의 그런 사고 방식은 실로 훌륭하고 철저하다.

93

성대한 결혼식으로 '장사'를 끌어들여라

결혼식은 생일 잔치, 장례식과 더불어 인생의 3대 사업으로
서 가장 많은 돈을 털어서라도 가능한 한 훌륭하게 하는 것이
화교의 관습이기도 하다.

장례식은 효행하는 마음에서, 생일 축하는 부모로서의 마음
씀이지만 결혼식은 자기를 위한 것이기 때문에 한 집안의 명예
를 걸고 베푼다.

결혼식의 연회비를 포함한 비용은 신랑측과 신부측이 반반씩
분담한다. 청첩장을 받는 쪽에서도 상대편이 자타가 공인하는
부호인 경우에는 축하의 선물을 하지만 그 이외에는 현금으로
한다. 또 친한 친구인 경우에는 선물에 현금을 곁들이는 것이
보통이다.

축하를 현금으로 하는 이유는 상대편의 비용을 조금이라도
충당해 주려고 하는 발상에서이며 가령 피로연회장이 A중화요
리점이라고 하자, A의 일인 분의 요리가 대체로 1만 엔이라고
한다면 대체로 1인당 2만 엔 이상의 축의금을 가지고 가자는

통례가 동료들간에 있게 된다. 평소부터 신용 있는 신혼 부부인 경우에는 그와 같이 참석 희망자들이 늘어남에 따라 금액도 늘어나므로 때로는, '결혼식 수입으로 해외 신혼 여행 비용을 감당한 사람도 있다.'고들 한다.

다만 그와 같은 풍습을 악용하여 잘 알지도 못하는 사람에게까지 마구 청첩장을 보내는 것을 엄격히 경계하고 있다.

"청첩장이 오면 안 갈 수도 없고 가령 가지 않았다고 하더라도 온종일 아무 일도 손에 잡히질 않는다."

라고 하면서 뜻있는 사람들은 눈살을 찌푸린다.

어느 중화학교의 Q씨, 결혼식의 청첩 예정자 명단을 들고 선배에게 의논하러 갔었다.

"이곳 외에 여기와 저기도 보내라."

라고 자기로서는 생각지 못한 윗분이나 실력자에게도 청첩장을 보내도록 충고를 받았다. 선배가 말한 대로 보냈더니 결혼식 당일 예상했던 하객의 몇 배나 되는 실력자들이 축복해 주었다.

그 중의 큰 부자인 B씨가 Q씨를 마음에 들어 하며 Q씨에게,

"자네에게 자본을 대 줄 테니 무엇이든 하고 싶은 것을 해봐요. 나는 돈은 대지만 참견은 안 하겠어요."

라고 말하여 꿈만 같았다.

자기 자신에게 자신감을 가진 Q씨는 진작부터 해보고 싶다고 생각하고 있던 제조업을 시작해 훌륭하게 성공하여 5년 후에 부동산과 더불어 상당한 자본을 모았다.

성대한 결혼식을 올리는 것은 장사에서도,

"완전히 한몫 하는 사람으로 보아주세요."

라고 선배들 앞에서 선언하는 것이다.

94

정보 교환은 언제나 나중에 하도록 하라

'현대는 정보화 시대다.'라고 야단스럽게 떠들던 것도 한참 되었다.

그 정보. 특히 정보 교환에 주목하며 평가해 온 것이 화교들이다. 교환해야 할 정보도 대단한 것으로서, 때로는 관청이나 대기업 등에서 많은 사람과 경비를 들여서 정보를 수집하고 있다.

그들이 솔선해서 회합에 참석하며 일부러 여러 가지 집회를 가지는 이유는, 인간 관계를 강화하기 위한 것과 또 하나 긴요한 것이 정보 교환에 있는 것이다.

'식호상보(食好相報)'란 말이 있다. '맛이 있는 것, 좋은 것은 혼자 간직하지 말고 친구들에게 가르쳐 주어라.'라는 매우 훌륭한 격언이다.

그렇지만 일단 상담(商談)에 있어서는 아무렇게나 자기의 정보를 퍼뜨리는 사람은 오히려 바보 취급을 당한다.

화교들 사이에서는 '화제가 풍부하더라도 알맹이가 적은 편이 영리한 자'라고 알려져 있다. 그 모임을 즐겁게 하는 사교성

을 대인 관계의 윤활유로서 훈련할 필요가 있다는 것은 말할
것도 없다.

그러나 대화중에서 아주 약간이라도 정보에 대한 힌트가 새
어나가게 되면 나중에는 침묵을 계속 지켰다 하더라도 '경거 망
동'이라는 낙인이 찍히게 된다. 정보에는 매우 민감한 그들이다.

조금이라도 비쳐지기만 하면 놓칠 리가 없는 것이다. 말의 횟
수가 아니고 내용인 것이다.

장사의 비밀을 아무런 교환 조건 없이 말하는 경우는 거의
없다. 그리고 정보를 교환하더라도 자기 쪽에서 먼저 자진해서
말하면 소인(小者) 취급을 당한다. 정보는 언제나 나중에 내줘
야 하는 것이다.

"일본 사람은 라면을 좋아하며 무엇이든지 간단히 먹을 수
있는 것을 좋아한다."

일본의 소화(昭和) 시대가 시작될 무렵 간장 맛으로 '일본 음
식'의 지위를 빼앗아 왔던 것이 유행되던 인스턴트 라면이다.
그것도 화교들이 일본 사람들을 위해 고안한 것으로 본고장인
중국에서도 볼 수 없는 대용물이다.

그런데 대만에는 옛날부터 가는 건면(乾麵)에 뜨거운 물을 붓
고 덮개를 덮어 한참 동안 있다가 먹는 우스면이란 것이 있다.
그것과 홍콩의 비면(蛋麵)에서 힌트를 얻어 그 인스턴트 라면을
개발한 것이 일청식품(日淸食品)의 오백복(吳白福)씨이다.

"뜨거운 물을 부어서 3분이면 O.K"
라는 캐치프레이즈를 내걸고 엄청난 성공을 이룩하였다.

후에 혀를 깨물며 아쉬워한 것은 대만 출신들이었다.

나도(우리도) 그것을 어떻게 했으면 하고 전부터 생각하고

있었는데…….

그들은 여기저기의 회합에서 그와 비슷한 생각을 떠들어대기는 했으나 누구도 그것을 쓸모 있는 물건으로 만들지는 못했었다.

느닷없는 대화중에도 굉장한 정보가 감춰져 있다. 그러므로 항상 남의 말을 신중하게 듣는 태도가 중요하다.

95

사회에 투자하여 신용을 벌어라

사회의 이윤의 환원이 신용을 구축한다. 특히 화교 사회에 환원하면 동료들을 위한 봉사, 헌신으로 해석하게 된다.

일찍이 남양 최대의 화교 재벌 '건원(建源)'을 만든 것은 황중함(黃仲涵)씨이다. 더구나 건원공사(建源公司)는 자손들이 경영하던 1961년에 인도네시아 정부로부터 외국 어음 관리법 위반이라고 하여 영업을 봉쇄당하고 모든 것을 정부에서 접수 관리하게 되었는데…….

하여튼 최전성기에 자바의 사탕 공장의 3분의 2를 가진 사탕왕으로 정치적으로도 여러 가지 영향을 끼치고 있었다.

당시에 화교들 사이에서 그가 높이 평가되고 있던 이유 중의 하나는,

"황 선생은 인도네시아에서 중국계의 권리 옹호를 위해 싸웠다."

라는 뒷받침이 있었으므로 그에 상당하는 힘, 즉 재력과 연고가 이해되었다.

재산은 한때 미국 달러로 5억, 또는 10억이라고도 말할 정도의 재력을 가졌었으며 고무 농장과 제당, 제분 공장 외에 본사, 지사, 분점이 인도네시아를 비롯하여 여러 나라에 93개의 점이 분포되어 있었다고 한다.

필리핀은 어느 의미에서는 중국인 기피의 나라로 지목되어 있으나 거기에서도 성공을 거둔 화교 가족들은 적지 않다.

예를 들면 대기업 2개를 가지고 있는 채문화(蔡文華)나 콘체룬을 가지고 있는 코후앙코 일족도 유명하다. 후자는 은행 2개에 필리핀 장거리 전화 공사를 경영하는 한편 사탕 농장을 경영하고 있었다.

1903년에 어떤 오해로 인해 화교들이 습격당했다는 풍문이 필리핀에 퍼진 적이 있었는데 화교쪽에서도 성책에 틀어박혀 싸워서 2만5천 명이 죽었다는 사건이 있는 등, 그 후에도 때에 따라 정부는 중국 국적을 가진 자에게 소매업을 금지하게 하거나 쌀을 취급하지 못하게 했었다.

그러나 1977년에 마닐라에 있는 화교 총회에서 21개소의 필리핀 초등학교에 대해 교사(校舍)를 지어 기부했다.

현재까지도 그와 같은 행위가 계속되고 있으므로 대통령도 그 증정식에 참석하여 정중하게 감사의 축사를 하고 있는 실정이다.

베트남의 호지명시의 초론 지구는 차이나타운이라고 불린다. 거기에도 옛날에 유지들이 출자하여 세운 병원이 있으며, 화교뿐만 아니라 경제적 사정이 좋지 않은 환자들은 누구라도 무료로 진찰, 치료를 받고 있었다.

화교들은 져 주면서 이기는 것을 알고 있었다. 체면을 손상당하지 않는 한 겉으로는 지더라도 뒤로 이기는 것이다.

귀중한 자금의 일부를 사회에 환원하는 것을 지는 것이라고 표현할 수는 없지만 어쨌든 뒤에는 '신용'이란 보증이 미소를 띄고 있지 않은가?

96

상도(商道)와 인정(人情)은 분명히 구별하라

사람을 소개하는 것, 소개장을 쓴다는 것은 대단한 일이다. 우리들은 가령 명함 뒤쪽에 몇 자 써서 주고 난 다음에는 얼마 못 가서 벌써 잊어버리곤 한다. 부탁을 하기 때문에 해준다는 식이다.

그래서는 안 된다.

화교는 '신(信)'과 '협(俠)'을 인생의 2대 테마로 하고 있기 때문에 소개하는 이상 책임까지 지려고 한다.

어차피 신용할 수 없는 사람은 절대 소개하지 않으며, 소개장도 본격적으로 본인의 출생지를 비롯하여 약력을 곁들여 먹글씨로 쓰며 소개장을 보냄과 동시에 다른 편으로 상대쪽에,

"○○사유로 ○○씨를 소개했으니 잘 부탁합니다."

라고 그 사유를 정중하게 써서 보낸다. 그 속에 그 사람이 끼치는 경제적인 부담에 대해서는 ○○엔까지는 자신이 책임을 진다고 명시하거나 암시하는 수가 있다. 금액을 한정하는 것이 화교다운 것이다. 그것이 그 사람과의 신용 척도가 되는 것이다.

그러나 아무리 화교라 하더라도 때로는 마음내키지 않는 사람을 하는 수 없이 소개하거나 보증인(예컨대 은행 등)이 되어 주지 않으면 안 되는 경우도 있다.

그럴 때 그들의 처리 방법은 실로 선명하다.

즉 소개장을 건네준 직후 속달이나 전화로써 상대방에게 연락한다.

"여러 가지 의리 때문에 소개장은 썼지만 저로서는 그 사람의 금전 이해 관계는 책임질 수가 없습니다."

라고 자신의 의사를 분명하게 전한다. 그것으로 상대편에서는 모든 것을 알아차리고 본인이 찾아오더라도 상거래에 있어서는 현금 이외에는 하지 않는다고 단호히 거절하며 대리인을 시켜 간단히 대접을 하게 한다.

또한 그것이 은행인 경우에는,

"마음에 내키지 않은 보증을 부탁받았으나 정말 하고 싶지 않아요. 그러므로 귀은행에서 그 사람에게 다른 것으로도 제가 보증인으로 되어 있으니까 적합하지 않다고 거절해 주십시오."

라고 부탁한다. 그런 것을 보면 소개를 간단하게 생각하기 쉬운 일본인에게는 큰 참고가 될 것이다.

크게 관련도 없는데 불쑥 소개하거나 보증인이 되었다가 집을 잃게 되거나 재산을 잃는 데서야 장차 큰일을 할 수는 없는 것이다.

몇 번이고 되풀이하는 것 같지만 상도와 인정은 어디까지나 별개이어야 한다.

정(情)에 끌려 상도(商道)를 망각한다는 것은 화교에게 있어서 수치이므로 아예 거절하는 용기를 배양할 필요가 있다.

97

자식들이기에 원금을 받는다

아이들은 부모의 이력서라고 말하고 있다. 부모의 생활 조건의 변천에 따라 자식들의 양육 상태도 바뀌어 가기 때문이다. 특히 많은 자식들이 있는 집에서는 그 자식이 다니는 학교, 음식, 기호, 놀이 같은 것을 자세히 보면 그 시절에 있어서의 부모의 경제 정세, 사회적 지위 같은 것도 알 수 있다는 것이다.

아이들은 신과 같이 솔직하므로 부모의 모든 것을 투영해낸 닮은꼴이다. 그리고 부모를 믿고 의지한다. 그러나 나이를 먹은 자식이나 딸을 언제까지나 의지하게끔 내버려두어서는 그 아이는 영구히 독립하지 못하게 되며 정신적으로도 온전한 사람이 되지 못한다. 그래서 혼자 서게 할 필요가 있는 것이다.

그런 점에 있어서는 화교는 어릴 때부터 그 근성(根性)을 뿌리박게 한다. 타국의 하늘 아래에서 생활하고 있다는 것과 자기의 힘 이외에는 믿을 것이 없다는 것을 가르친다.

더구나 그것은 단순한 설교가 아니고 몸에 배이도록 가르치고 있는 것이다. 매일 휴식없이 일하고 있는 부모를 보고 있으면 아이들도 납득한다.

아이들은 빨리 독립하기 위한 마음의 준비를 시작한다. 진학을 하지 않으면 기술을 익혀 어딘가에서 수업하여 이윽고 하나의 점포를 가지려고 노력한다.

부모가 점포를 가지고 있다손 치더라도 그 지점을 만들거나 별관을 만드는 등, 그와 관련된 종류의 다른 점포를 시작하는 등, 또는 전혀 다른 새로운 분야를 개척하려고 한다.

모든 것을 그 '독립'에 초점을 맞추어 나간다. 그 시기가 빠른 사람은 20세 전후가 되는 것도 드물지 않다.

그때 부모는 여러 가지 충고도 하고 필요하다면 자금도 대고 이름도 빌려 준다. 그러나,

"그냥 아이들에게 주는 것은 절대 아니다. 그렇게 하면 세상을 얕잡아 보기 때문이다."

라고 화교의 부모들은 말한다.

장사도 하나의 룰에 입각한 것이다. 그 중에서도 '공짜로 원금을 주지는 않는다'는 것이 그 첫째이다. 아이들에게도 그것을 허용할 리가 없다.

"아이들이기 때문에 더 한층 그 룰을 뼈저리게 몸에 배이게 할 필요가 있다."

고 한다. 진실한 친구 같으면 믿고 빌려 줬는데 갚지 못할 사정이 생긴 경우에는 '몰법자(沒法子 : 하는 수 없지 뭐)'라고 단념하는 수도 있다. 그러나 아이들에게는 절대 그렇게 하지 않는다. 원금은 어떤 일이 있어도 갚게 한다. 가령 10엔, 1엔이라도 남기지 않고 갚도록 한다. 그것이 가능해야 진정한 자기 아이들로서의 자격이 갖추어지는 것이라고 입을 모아 말한다.

98

속은 것을 절대 남에게 말하지 말라

인간이라면 남에게 속은 경험이 없는 사람은 거의 없을 것이다. 만약 없다면 신처럼 아주 통달해 있는 사람이거나 그렇지 않으면 인간미란 전혀 찾아볼 수 없는 차가운 사람일 것이다.

그런데 잘 생각해 보면 속는 시점에 있어서는 대개 피해자 쪽이 약점이나 욕심이 발동하고 있었던 것이다. 그것을 알고 적은 공격해 오는 것이다.

화교들도 속임을 당하여 정신적, 경제적 손실을 입으면 화난 김에 내뱉는 것이 인정론이다. 나아가서는 체면마저 더럽혀지는 경우가 적지 않다.

모습을 감춘 상대편이나 집에 있으면서 없다고 따돌리는 상대를 열심히 찾으며 잡히면 손해를 배상하라고 강력히 요구하는 것은 당연지사이다. 그러나 여기부터 다른 민족과 다르다.

여러 번 교섭해 보았는데도 결말이 나지 않을 때에는 거기서 깨끗이 단념하고 마는 것이다. 그리고 나서는 일체 잔소리를 하지 않는다.

"그 이야기는 이제 끝났다."
라고 측근들에게 고하게 되면 끝이다. 두 번 다시 사람들 앞에서 그 화제는 끄집어내지 않는다.
"한담막설인비(閒談莫設人非 : 남의 욕을 잡담과 안주로 삼지 말라)
라는 말이 있다. 사실이 어떻든 간에 그러한 말을 몇 번씩이나 내뱉게 되면 그릇이 작다고 하며 인격을 의심받게 되는 것이다.
요코하마의 어느 화교가 어떻게 된 셈인지 최근에 많은 동료 화교들에게 금전적인 폐를 끼치고 실종해 버렸다.
피해자는 상당히 되는 것 같은데 '나는 얼마를 당했다.'라고 하는 사람이 한 사람도 없었다. 만약 그것을 입밖에 내게 되면 몰랐던 사람까지,
"저 사람은 감쪽같이 속을 정도로 바보였던가?"
"역시 평소에 잘도 하더니 욕심 많았던 모양이지."
하고 나쁜 쪽으로 인식을 바꾸어 버릴 것이다.
또한 그대로 행방 불명이 된 사람이 몇 년 후에 돌아와서,
"오랫동안 폐를 끼쳐서 정말 죄송합니다."
하고 피해자에게 머리를 숙여 빌렸던 돈에다가 이자를 붙여서 변제했다고 한다면 그 사람의 신용은 전과 동일하게 된다. 그리고 모두들 이렇게 말한다.
"그 사람도 그때는 매우 곤란했던 것 같아. 한마디라도 귀띔해 주었더라면 좋았을 걸."
그것이 화교의 인의(仁義-'신'과 '협')인 것이다.

모국의 전통은 당당히 지켜 나가라

동남아시아에는 약 1천8백만 명의 중국계 주민이 있는데, 대부분 수도나 도시에 살고자 한다. 그리고 어느 나라이건 경제력은 화교들이 손에 넣고 있다.

예를 들면 태국의 수도 방콕을 보면 고급 고층 빌딩이 속속 들어서고 있다. 빌딩은 시공자가 일부를 사용하는 경우도 있으나 전부 대여하는 예가 많다.

그 입주 모집의 광고문이 '점포대여(店鋪貸與)'라고 한자로 되어 있다. 옆에 태국어가 씌어 있지 않은 경우가 많다.

애국 운동의 일환으로 외국어, 외국 문자의 간판을 없애고 있는 태국에서는 이런 일은 예외에 속한다. 지금의 외국어 간판은 보통의 10배의 세율을 적용하고 있다.

예를 들면 외국 여행자들이 진귀한 것을 먹으려고 순수한 태국 요리점에 혼자서 들어가더라도 1분 후에 되돌아 나오지 않으면 안 된다.

점포 안에는 모두 태국 문자만으로 메뉴, 기타를 표시하고 있기 때문이다.

중화 요리점에는 한자도 있고 영어도 있는 메뉴가 있기 마련이다.

다시 빌딩의 한자 선전문 이야기이다.

광고문이 한자(漢字)인 것은 그러한 빌딩에 세를 얻을 수 있는 재력을 가진 자는 화교 이외에는 없기 때문이다. 아울러 그 빌딩의 주인도 화교라고 한다.

화교의 특성이 대체적으로 거주국과 동화를 노력하면서도 최후의 선은 분명히 긋고 중국 전통의 가정 교육, 풍속, 습관, 식사 내용을 지켜나간다. 거주국에 따라서 다르지만 부친의 방침으로 기회를 보아 고국의 국어를 반드시 가르친다.

인생의 발상법(發想法)도 어릴 때 모친이 식사시간에 가르쳐 준다.

가령 거주국의 학교에 갔다고 하더라도 초등학생 3, 4년 때부터 가정 교사를 딸리거나 상황에 따라서는 중국계의 각 향토회관 등에서 경영하는 초, 중학교에 전학시키거나 한다.

그러기 위해서 그들은 음력 정월을 지키며 중국인의 면목을 유지함과 아울러 동료들간의 회합에서는 가급적 모국어를 사용하도록 한다.

그러한 그들이 자신의 나라가 아닌 타국에서 빌딩을 세워 대여하는데 당당하게 자기들의 문자로서 광고할 수 있는 것도,

"부지런하게 경제력을 키운 선각자나 선배, 조부, 부모, 동료들의 덕분이다."

라고 방콕의 중국계 젊은이들은 술회한다.

100

돈이 전부가 아니라는 것을 알아라

금전에 관한 격언, 속담, 처세훈이 많은 것은 세계 각국이 공통인 것 같으나 그 중에서도 중국에는 일면 금전에 대한 부정적인 속담도 많다. 2, 3가지를 예로 들어보면,

"세상을 가득 채운 보배도 신명(身命)보다 더 값진 것은 없다 (어떤 보배라도 신명에 비할 수 있는 것은 없다.)"

"조잡한 복장을 했다 하더라도 그의 마음은 아름답다."

"장사에 열중하고 단지 금전만을 알며 도덕과 학문을 모르는 자는 시정(市井)의 소인(小人)이라고 말한다."

"부(富)는 족함을 아는 데 있다."(稅苑)
라는 말도 있다.

'부(富)'라는 글자는 '宀'집에 'ー口'한 입으로 '田'밭을 가진다는 뜻이다.

탐난다고 금전에 집착하는 것은 걸인 근성이라고 하는 것으로 가령 권력자, 부호이더라도 걸인의 흉내를 내고 있는 것과 같은 것이다.

284

"무욕(無慾)이 제일이다."

"족(足)함을 알면(知) 그것이 선경(仙境)이다."

라고 깨우치고 있다.

인간의 욕망이라고 하는 것은 얼마든지 에스컬레이트식으로 한 계단씩 올라가는 것이다. 이제까지 이 정도면 되겠다고 유일하게 목표로 삼고 있었더라도 그것을 가지면 또 새로운 다른 것이 탐이 나며 욕망은 끝이 없는 것이다.

결국 금전 만능을 부르짖으면서도 그러기 때문에 금전의 허무함을 숙지(熟知)하고 있는 자가 화교라고 할 수 있다.

프로 야구의 명선수였던 왕정치(王貞治)씨는 일부 화교의 잘못된 개념에 반발하는 것처럼 시즌 오픈 계약 갱신 때에 돈 문제로 말썽을 피운 적이 한번도 없었다.

"회사에서 성적이 좋다고 생각되면 올려줄 것이고 나쁘다고 판단되면 떨어지는 것은 당연하다."

"부귀(富貴)에는 남들도 모여들고, 빈천(貧賤)에는 친척도 떠나간다."

라는 식으로.

사업을 운영하는 자기 확대(自己擴大)의 수단으로 나아가 사회에의 공헌, 후세에 남는 일을 함으로써 금전의 가치는 더더욱 빛을 발하는 것이 아닐까?

지은이 시라가미 요시오

지은이 시라가미 요시오는 1922년 일본 오카야마에서 출생. 칸사이 대학 법학부를 졸업하였으며 신문사에서 정년퇴직까지 근무하였다.
저서로 「화교가 살아남는 철학」, 「화교일대」, 「화교의 발상」 등 다수가 있다.

옮긴이 조범래

옮긴이 조범래는 경남 함안에서 출생. 성균관대학교에서 영문과를 졸업하였다. 진학사에서 다년간 근무하였으며 역서로는 「중국인의 지혜와 발상」, 「투자성공법」, 「하버드 교제술」 등 다수가 있다.

사소한일에도
돈버는
지혜가 있다!

초판 1쇄 발행 2015년 10월 20일
초판 2쇄 발행 2016년 08월 10일

지은이 | 시라가미 요시오
옮긴이 | 조범래
펴낸이 | 이현순
펴낸곳 | 백만문화사

서울시 마포구 독막로 28길 34(신수동)
Tel 02)-325-5176 Fax 02)-323-7633
신고번호 | 제 2013-000126호
이메일 | bmbooks@naver.com
홈페이지 | http://bm-books.com

Translation Copyright© 2015 by BAEKMAN Publishing Co. Printed &
Manufactures in Seoul Korea

ISBN 978-89-97260-70-6 (03320)
값 13,000원